大笑的驚人力量

黃貴帥、陳達誠、高瑞協、歐耶 合著

李蓮珠 採訪整理

推薦序
笑，不需要理由

馬丹・卡塔利亞

很榮幸能有機會推薦《大笑的驚人力量》。本書作者之一陳達誠先生是台灣第一位愛笑瑜珈講師，由我親自訓練。而他在取得講師資格後，已經在台灣建立了十個愛笑瑜珈俱樂部。

大家都知道，笑是最好的藥，而且關於笑對身心的好處，也已經有許多科學研究。但之前一直沒有一個方法可以讓人們真正的笑，並從中獲得它對健康的益處。真實生活中的笑通常都需要笑話、喜劇、幽默、快樂和生活的滿足感來激發，如果讓我們笑的理由不多，我們就無法快樂。但愛笑瑜珈是一個突破性的觀念，利用這個方式，你可以跟著一群人真正的笑，而且完全不需要理由。

愛笑瑜珈這個獨特的概念起源於印度，是我和我太太Madhuri發明的，目的是要讓人們不須藉由笑話或喜劇的刺激就能笑出來。這個強而有力的每日運動結合了笑和瑜珈呼吸法，能將更多氧氣帶入我們的身體和大腦。整個概念奠基於一個科學事實：即使你把笑當作一種運動形式，一樣能獲得笑對身體的益處。

愛笑瑜珈是能讓身體、心理及社會完全達到安適狀態的運動，目前在全世界六十個國家已有超過六千個據點，我們希望藉由笑帶來身心的喜悅及世界和平。而這本書也將讓台灣讀者了解愛笑瑜珈，了解笑的好處。

（本文作者為愛笑瑜珈發明人及世界愛笑俱樂部創始人）

推薦序
笑，值得在台灣大力推廣　　　　　張珏

　　五年多前，我在一個癌友團體認識本書作者之一高瑞協老師。那時看著大家在高老師的帶領下笑得前仰後合，我卻只能跟著不知所措的笑。更有趣的是，每個人還拿到一個塑膠袋，我本來覺得莫名其妙，後來才知道塑膠袋是給人吐痰用的，因為哈哈大笑後會咳嗽，但不是傷風感冒的咳嗽，而是腹部底層的黏液被震出。這讓我領教了我國傳統氣功概念的運用。

　　第二次碰到高老師，是我帶著國外的精神障礙病友去參訪，並參與工作坊，這次就自在多了。後來聽說高老師也在精神科病房帶病友做笑笑功，我便去參與、觀察，很欣賞高老師具創意的暖身活動。

　　幾次參與並了解理念後，我查詢文獻，發現國外研究笑已經三十年了，可是台灣卻缺少實證調查，因此引發我與幾位教授想評估、研究笑笑功的構想。加上國內在心理健康方面，過去多半注重疾病的治療，在促進心理健康方面卻少有具體行動，因此在中華心理衛生協會努力遊說下，國健局終於在二〇〇六年七到十一月第一次舉辦「社區心理健康促進試辦計畫」。短短四個月時間，心衛協會推出了三撇步：（一）覺察憤怒、鬱悶情緒，轉化為成長力量；（二）健康人生：從關心到開心，正向心理健康的落實；（三）笑笑功：正向的態度與行動。笑笑功就是其中一環。

　　也因為高老師，我認識了本書另一位作者黃貴帥醫師，並

且去參與他帶領的「愛笑瑜珈」。我看到黃醫師對推廣「笑」的熱情，因此心衛協會也特別在過去一年舉辦的幾場「笑與心理健康」工作坊中，將高老師和黃醫師介紹給心理衛生界的朋友，因為助人的人也需要心理健康，才有能量照顧需要協助的人。何況「笑」又是一種很好的技術與工具，不只能當作團體輔導時的暖身，更能進一步運用笑的原理，在實際執行輔導時引導求助者或一般民眾走出陰霾，促進心理健康，轉化負面情緒成正向能量。

一九九五年，哈佛大學曾提出一項研究，認為一個國家心理健康與否，會從國民健康狀態、社會惡質情境、社會病態等反映出來。而影響心理健康的因素，從個人主觀情緒反映與感受，擴大至家庭、社區，以及國家政治。台灣目前正面臨各種價值觀混淆、自殺傷人暴力事件充斥、政黨對立、族群撕裂，亟需推動正向心理健康，所以關於「笑」的方案，是及時雨。

在得知出版社要發行《大笑的驚人力量》後，我很高興「笑」能因此在台灣社會更普及。我自己本著學術立場，感佩於高老師研發出屬於台灣本土的「笑笑功」，因此先嘗試寫了一篇學術回顧〈笑對身心健康影響的中西方觀點〉，並指導研究生完成一篇論文〈歡笑方案應用於成年女性身心靈增能團體之研究〉，亦嘗試整理高老師帶領社區精神病友的結果，投稿到國際期刊。在本書出版之後，我希望能引起國內實務與學術界進行更多相關研究，以實證研究為基礎，讓「笑」的功效更廣為人知。

（本文作者為台大衛生政策與管理研究所副教授
及中華心理衛生協會常務監事）

☺CONTENTS

1. 大笑的驚人力量

2. 愛笑瑜珈的功效和動作練習

3. 笑笑功的好處與功法

4. 戲劇遊戲體驗：讓人找回笑聲

CONTENTS

5. 大家作伙來起笑

前言
笑出健康是當前的世界潮流

你是不是常常忘了笑，或總是笑不出來？

你總覺得每天都過得很辛苦，或是生活中沒有什麼值得高興的事嗎？如果你認為現在不是該笑的時候，而堅持不笑，那麼壓力是無法解除的，只會讓自己一直沉溺在憤怒和不滿之中，無法逃脫。

雖然光靠笑不能解決所有問題，但是從科學研究來看，笑能帶來正向能量，提升人體自我療癒的免疫能力，有益身心健康。如果可以每天好好的笑，假以時日，或許會出現一些「奇蹟」。

為什麼有人可以笑著活下去？這些人的笑並非無意識、無目的，因為他們相信「笑」的力量，而且懂得使用方法，有意識且有目的的笑，透過「笑」召來幸運、改變個性，讓家庭和諧、讓生活充滿幹勁，並因此擁有良好人際關係、得到身心健康。這些人藉著笑重新開啟自己的人生，成為人生的成功者、勝利者，所以他們可以過著充滿笑的快樂生活。

「笑」是目前預防醫學研究的世界潮流、最夯的新價值。本書由四位在台灣推動「笑」運動的先驅共同執筆──推動「愛笑俱樂部」的終生志工黃貴帥、「笑笑功」的高瑞協、「愛笑瑜珈」的陳達誠，以及「戲劇遊戲歡樂抒壓工作坊」的歐耶。四人分別以第一人稱的方式敘述自己與「笑」的淵源、經過科學與醫學實證的「笑的力量」、各種「笑」運動的內容特色與動作詳解、目前在台灣的發展現況。同時也透過笑友見證「笑」的驚人

力量，告訴你「笑」在個人身心健康、工作學習、與家人相處、尋找自我等各方面可以發揮什麼樣的神奇效果。

　　看完這本書後，希望每個人都能發現隱藏在自己體內的「笑的力量」，並準備好喚醒這個力量，為自己解除外在的壓力和痛苦，尋得健康快樂的生活。

1. 大笑的驚人力量

黃貴帥

我與「笑」的不解之緣

西方有句諺語：「一天一蘋果，能使醫生遠離我。」（An apple a day keeps the doctor away.）但是身為一個醫生的我，卻時常對病患說：「每天哈哈笑，不須近醫藥。」（Two "ha-ha" a day keeps the doctor away.）

也許各位不知道，笑是會帶來「奇蹟」的（或許可稱之為「驚人的力量」）。這不是誑語或妄想，而是我親身的經歷和體驗。

☺岳父的鼻咽喉癌帶來的衝擊

我是三軍總醫院的婦產科主治醫師。幾年前，我的岳父因頸部淋巴結腫大，被診斷出罹患鼻咽喉癌，一發現就已經是第三期。妻子的娘家在中壢，是比較傳統的客家莊，家族龐大、親戚眾多，而岳父更是家族裡的長輩，所以一聽到他罹病的消息，整個家族陷入慌亂。最後在我這個擔任醫生的外子的建議下，岳父決定尋求西醫的幫助，到醫院接受癌症放射線治療及化學治療。這是目前醫學界公認最有效的療法。

整個放射治療時程約需兩個月，雖然短，但治療過程歷經的痛苦，是很難用言語或文字來形容的。不僅病患會出現噁心、嘔吐、頭暈、口腔破爛、食不下嚥、味覺喪失、聲帶腫脹、聲音沙啞等症狀，家屬的身心也是飽受折磨。

　　還記得隔年，岳父好不容易完成整個放射治療療程，再完成追加的化學治療後，家人都以為病情要開始好轉，但是岳父卻出現化療之後的敗血病併發症（只有極少數病人會發生），很快就往生了。從發現病兆到往生，短短不到半年。

☺醫生看起來反而像病人

　　雖然當醫生已經十幾年，每天都在面對生死，早已習慣死亡，但是岳父的意外去世，對我造成非常大的衝擊。只要一想到因為自己是醫生，家人都相信我的決定，岳父也是在我的建議下才願意馬上進行放療及化療，就非常自責。而且在我的醫學認知裡，鼻咽癌並不是最嚴重的一種癌症，我從沒想過治療後會失敗。這些沉重的壓力讓我難以面對家人、面對自己，時常獨自哭泣不能自已，一個人陷入深深的憂鬱情緒中，持續好長一段時間。

　　有一天，我正在看病時，病人竟然對著我說：「醫生，你看起來好憂鬱喔，我覺得你比較像病人耶！」一席話，讓我驚覺自己不能繼續這樣憂鬱的過日子，我要想辦法讓自己快樂起來。這時候，突然有個畫面閃入我的腦海中，就是二〇〇四年我在美國德州的貝勒醫學院進修時，曾在語言課程的課堂上讀過一篇文章〈幽默就是力量〉，那篇文章讓我印象深刻，了解笑的好處，也知道參加笑的團體可讓身心愉快。

☺團體課程讓身心靈更健康

我曾在美國德州醫學中心的貝勒醫學院進行為期一年的短期進修。雖然專攻的是產前遺傳診斷，但課餘之暇，也偶爾會到附近的安德森癌症中心走走看看。德州大學安德森癌症中心為全美頂尖的癌症醫療機構，我發現這裡有很多與身心靈有關的不同性質團體與課程，如瑜珈、太極、營養、繪畫、冥想、氣功、針灸及按摩等，提供癌症病友西醫治療之外的輔助及另類療法，讓癌症病人在治療中同時受到身心靈的平衡照顧。在留美那段期間，我因為好奇心，曾參加過他們的課程。

不過，雖然看過跟笑有關的文章，但當時並沒有將笑這件事放在心上，只覺得「笑是最佳良藥」的觀念很新鮮，也了解到團體課程對病人身心靈的好處。

想不到隔年，我回台灣不到一年多，岳父就生病、住院，然後過世，這件事讓我差點得憂鬱症。所以，當我想要尋找快樂的方法時，在美國讀過的〈幽默就是力量〉，以及參加團體課程的回憶立刻躍入腦海中，我心想：「如果台灣也可以有這樣的團體、有這種笑的活動的話，該有多好？」

☺台灣也有笑瑜珈和笑笑功

於是，我積極上網尋找跟笑相關的一切資料，意外發現台灣竟然有一個人在推動笑瑜珈，他就是現任台灣愛笑俱樂部的總笑長陳達誠先生。二〇〇六年二月中旬，岳父往生後一個月，我迫不及待到台灣愛笑瑜珈的發源地——桃園五酒桶山尋找陳達誠

先生，參與週日愛笑俱樂部的一小時活動。當時他們的成員非常少，只有陳達誠和他太太、弟弟及過路人。不過我並不在意人數的多寡，只是想要透過大笑放鬆並找回快樂，所以連續好幾個禮拜都到桃園去找他們一起笑一笑。

在這同時，我也發現台灣還有由高瑞協老師研發自創的本土派笑笑功，我也去參與學習。就這樣，才過了一個多月，我覺得自己放下許多、身體輕鬆許多、開朗快樂許多，甚至也有勇氣在家族面前帶動示範愛笑瑜珈及笑笑功，讓家人也跟著我起笑。

在笑聲中，我和家人終於撫平岳父去世帶給我們的衝擊，並化解了這一段時間裡彼此間的不諒解和責難。

☺推行「笑」的運動，分享「笑」的驚人力量

因為自己的這段人生經歷和對笑的體驗，我始終相信「笑」是會帶來奇蹟的。之後，我開始蒐集、閱讀國外有關笑的各種研究報告，以專業醫生的立場來看待「笑」，更是覺得「笑」具有提升人體免疫力的保健效果，對身體健康有莫大助益，而且不需外求就能擁有。

觀察近年來世界醫學的潮流，有關「笑」的研究與應用更是逐漸受到重視，在美國、日本、印度、加拿大、英國、荷蘭、德國、澳洲都有相當不錯的成果。例如日本在二○○六年初就曾發表一篇跟笑有關的研究，該研究發現笑可以活化至少二十三個基因的功能，其中又多與免疫系統有關。

「笑」的好處說不盡，值得在台灣推廣。這兩年多來，我在住家社區、國父紀念館和服務的醫院裡陸續推動成立愛笑俱樂部

和笑笑功的社團，以實際行動驗證笑的力量有多大。每個週末清晨我都會到內湖碧湖公園帶領愛笑瑜珈，每週一中午在三軍總醫院內湖院區帶領笑笑功，每週四則在三軍總醫院汀州院區帶領愛笑瑜珈。醫學是我的專長、哈哈笑是我的愛好，將笑與醫學融合在一起，豐富了我的生活。

☺笑是我的終身信念

久未碰面的親友見到我的第一句話通常是：「你還繼續在帶『笑』團體嗎？」而我總會以笑臉回答：「是啊，我還在繼續帶人『起笑』！」

我太太常開玩笑說我風雨無阻的帶領笑團體，簡直對「笑」入了魔。而且笑的時候必須不計形象、放下身段，才能完全放鬆，我難道不怕碰到病人，讓他們看見我笑得很猙獰嗎？

最經典的是有一次強烈颱風來襲，政府已經宣布停止上班上課。太太勸我：「風雨那麼大，應該不會有人還要出門練功吧？」我跟她說：「笑友都是自願參加的，我也不知道該怎麼連絡他們。但如果有笑友來了，我不能讓人失望。」所以我堅持出門去帶領愛笑運動。結果，真有一位笑友出現了！那天清晨只有我們兩人不畏風雨的練習愛笑運動，而湖畔的樹果然被我們「笑得東倒西歪」。

笑是最好的藥方，這是我身為一個醫生的心裡話。希望每個人都可以盡情「笑得開心，活得健康」，每天都是笑臉迎人！

笑是本能，但是你常笑嗎？

「這是醫院精神科日間照護的課程嗎？」「笑是本能，誰不會啊？還要來上課？真是太可笑了！」每週一及週四中午，我固定會在三軍總醫院帶領病患、志工、醫院員工及對笑有興趣的民眾一起做笑的運動。我們好像用盡全身力氣發出的狂笑聲、大笑聲總是引人駐足圍觀，然後不知情的人總是發出這樣的疑問。

☺笑是什麼？

美國的《科學》雜誌曾刊載一篇名為〈笑話之外：從動物的笑聲到人類的歡樂〉的研究。文中指出，在人類大腦進化過程中，笑的能力比說話的能力發展得更早，在嬰兒階段就展現出來。嬰兒以哭聲來到這個世界，兩、三個月後，第一個學會的表情就是笑。

隨著人的成長與社會化，笑逐漸有了分類，例如微笑、傻笑、假笑、冷笑、奸笑、嘲笑、偷笑、竊笑、苦笑等不同種類和程度的笑，但這些都是一種行為或幽默的反應，是伴隨著歡樂刺激之後的表徵。

然而笑不是人類獨有，其他哺乳類動物也會笑，例如老鼠、狗、貓、猩猩在追逐、嬉戲與互相搔癢觸摸時，都會伴隨發出一些聽起來像是喘氣的聲音，其實這可能就是類似人類的笑聲。

☺大笑也可透過學習而激發

笑的定義和種類很多，我目前在推廣的愛笑運動，是一種由內而外、自發性的大笑，不依靠外在的幽默或環境的刺激，依然笑得出來（我稱之為「無理由的笑」），而且笑得花枝亂顫、汗水淋漓，就像做完運動般，讓人感覺身體舒暢、快樂無比、自信心十足。

和其他運動一樣，這種大笑可以透過學習或刻意練習而激發。當人在生病或感到痛苦，似乎苦到笑不出來的時候，更需要透過學習大笑來讓自己感到快樂，這時候會是因笑而快樂，不是因快樂而笑。

醫生當了這麼多年，我發現人的身體會生病，十之八九是心裡不快樂。試想：若能時常擁有一顆快樂的心，不花半毛錢，擁有健康並不難。所以從醫生的立場來看，大笑是相當環保且經濟實惠的身心保健法。

笑是本能，但是你記得笑嗎？你會笑嗎？如果你忘了怎麼笑，如果你不會笑，沒關係，本書介紹的三種不同的大笑功法，包括兩種無理由的笑（愛笑瑜珈、笑笑功）和一種有理由的笑（戲劇遊戲抒壓），都極為輕鬆易學。只要每天大笑半小時，持之以恆，擁有快樂健康的人生並不難。

國外研究：大笑真的可以治百病

「只是這樣哈、哈、哈……真的可以讓身體健康、病況好轉嗎？」初次接觸大笑運動的病友，在第一次上課學習之後，總會忍不住提出這樣的疑問。而我也總是毫不猶豫、很肯定的回答：「是的，沒錯！」

我這樣說並非毫無根據。事實上，有關「笑與健康」的醫學研究在國外已有相當多的報告和發現，證明大笑可以增進免疫功能、增強抵抗力、啟動人體自我療癒的天賦能力。過去三十年來，國外已經發表許多用大笑治療各種病症的相關研究和實證，讓人不能小覷笑的神奇力量。

☺關於「笑與健康」的研究

利用笑治好了僵直性脊椎炎

《新英格蘭醫學期刊》曾刊載一篇名為〈疾病的解剖〉的文章，作者叫作卡森斯（Norman Cousins）。他原本是一名新聞記者，一九六四年被診斷出得了膠原病，一種維持身體組織的膠原蛋白出現異常的疾病，就是現在大家比較熟悉的「僵直性脊椎炎」，當時治癒的機率是五百分之一。

長期以來，卡森斯身心都深受疾病折磨，後來他想起一位醫生說過的話：「不論哪個患者，在自己的體內都住著自己的醫師。」因此他決定嘗試利用「大笑」來召喚自己體內的醫生。他

去借了喜劇錄影帶、連環漫畫回家看，讓自己不停的笑，每天連續笑八小時。結果兩週後出現明顯的效果，半年後完全治好困擾他多年的僵直性脊椎炎，讓醫生直呼是奇蹟。

卡森斯成功克服了病魔，並將這段自我療癒的歷程寫成文章發表，同時也持續研究笑。三年後，他將研究結果出版成書──《笑退病魔》（*Anatomy of an Illness as Perceived by the Patient*），至今已近三十年，依然在書市暢銷。卡森斯在書中宣稱：「只要捧腹大笑十分鐘，就會有麻醉效果，可以讓我安安穩穩睡上兩小時，完全不覺得痛。」

他這樣說不是毫無理由。在他大笑之後立刻進行的醫學檢驗結果顯示，他在做完大笑之後的數小時，血球沉降率（sedimentation rate）會持續下降。血球沉降率通常是用來判定發炎與感染程度的指標，下降就表示身體的復原與抵抗力提升。而這個實證也激發了全球對笑的醫學研究。

利用笑擊敗了癌症

大笑除了可以減輕身體的痛苦之外，對癌症患者也有顯著的治癒力。一九九二年，伊丹仁朗醫師在日本身心醫學學會中提出一篇名為〈笑與免疫機能〉的研究成果，震撼當時醫界。伊丹醫師曾於一九八七年帶領七位癌症患者登上阿爾卑斯山的最高峰白朗峰，備受矚目。當時這些患者以笑擊敗了癌症，挑戰白朗峰成功，一時傳為佳話，也開啟了伊丹對於笑的高度興趣，並展開利用笑治療癌症的實驗，在日本倉敷市柴田醫院歷經五年的臨床才發表了這篇報告。

伊丹醫師在報告中明確指出，笑和運動同樣能夠製造出人體

血液中的自然殺手細胞（NK細胞）。自然殺手細胞是存在血液中的一種淋巴球，具有融化、吞噬腫瘤細胞的效果，是人類天生具有的珍貴免疫力之一。伊丹醫師經由實驗結果得知，癌症患者在大笑之後，血液中的自然殺手細胞明顯大量增加，此時能夠防止癌細胞擴大，甚至使其大幅度縮小而加以治療。無論當時或現在，對癌的治療而言，這都是非常寶貴的發現。

以前，醫學界只知道這種自然殺手細胞會因為運動而增加，所以醫生總是鼓勵病人要多運動。可是在伊丹醫師的實驗之後，證明笑和運動同樣有效，而且接受實驗的患者只是欣賞喜劇三小時就能夠產生效果，具有神奇的速效性。

利用笑減輕了胃潰瘍

現代人壓力大、生活緊張、三餐不定時，最容易出現胃消化不良的症狀，甚至胃潰瘍。其實，人類內臟中像胃這樣容易受到精神狀態或情緒影響的臟器並不多。

數年前，日本大阪大學教授堀見太郎博士就發表一份報告指出：「當人處於煩惱或覺得痛苦時，胃的血管神經收縮及胃液的分泌都會變調，胃的組織體隨之產生變化，甚至連胃的肌肉層都會產生傷痕。」由此證明胃和精神狀態之間有密切的關係。

不僅日本有這樣的發現，美國也進行了相同的研究，同樣發現當人處於憎恨、苦惱、恐懼、焦躁等情緒時，會使胃液分泌出大量的鹽酸，因而損害胃黏膜，容易引起胃潰瘍。

有句古話說：「臉色發青，胃也發青。」換句話說，當你笑的時候，胃也會笑，有笑容的胃狀況就會很好。當人心情憂鬱低潮時，就會缺乏食欲，也是這個道理。

　　遇到問題或難題時，知道原因跟不明原因有天壤之別。如果知道原因，會比較容易找出解決病症的方法，例如胃癌、胃潰瘍，只要除掉形成憂鬱精神狀態的原因就可以了。而美、日的研究也證明，大笑是最好的一帖特效藥。

利用笑幫助了失眠

　　睡眠是人生大事，人的一生有三分之一的時間在睡覺。很多人相信適當的睡眠可以消除一天的疲勞和壓力。但是如果一直睡不著怎麼辦？現代社會裡，越來越多人因為晚上睡不著而形成壓力，有些人則因為壓力而睡不著。不論是哪一種情況，都被視為失眠症。

　　根據行政院衛生署的統計，台灣每四個人就有一個人有睡眠困擾，失眠人口已超過兩百萬人。而從目前各醫院紛紛設立「睡眠門診」及「睡眠中心」可知，台灣有許多人都有睡眠障礙，只是病況程度不一。

　　當然，引發失眠症的原因很多。從醫學觀點來說，只要能找出失眠的病因，並將之排除或穩定下來，就可以幫助失眠。一九九二年，日本第一位太空人毛利衛先生在太空船上睡不著，情況非常嚴重。研究發現這是因為在太空中的無重力狀態下，心跳緩慢，血液循環也跟著變慢，而且會偏重上半身，無法循環到下半身，導致毛利衛的臉部腫脹、大腿變細。另外，也有其他太空人因為興奮或不安的情緒而失眠。

　　這次的太空實驗顯示當人體血液循環不良，或是精神興奮、不安等原因都會造成失眠。從醫學觀點來看，這是因為掌管情緒或本能的大腦皮質受到刺激，而無法成眠。所以要解除失眠症，

就要讓大腦皮質穩定下來。

　　要讓大腦皮質穩定，可以不需要吃安眠藥，藉著深呼吸和冥想也同樣能夠達到效果。而研究證明，在大笑之後的深呼吸和冥想，可以使情緒穩定，僵硬的肌肉變得柔軟，讓血液循環順暢，睡意自然湧上。在我帶領的笑團體中，也有多位笑友透過每天的大笑運動，在短期內就戒除了使用安眠藥才能入睡的習慣。

利用笑可以抗老美容

　　睡得飽飽，隔天精神飽滿，皮膚自然也水噹噹。雖然影響皮膚好壞的原因很多，例如家族遺傳、空氣污染、生活作息、飲食習慣等都有間接影響，但是從醫學觀點來看，精神壓力是皮膚美容的直接殺手。

　　數年前，美國約翰霍普金斯大學的梅森教授曾進行異位性皮膚炎的研究，該研究針對約兩萬名異位性皮膚炎患者進行調查，發現其中有45%是因為精神因素引起的。這個結果證明，心情焦躁不安會導致血液酸性化，使得血液循環惡化，同時人的新陳代謝和內臟機能也會減退，讓皮膚黯淡無光、乾燥鐵青。

　　皮膚是肺之外的重要呼吸器官，會跟著精神狀態而朝氣蓬勃或枯萎。所謂「病由心生」，一半以上的疾病其實都是心情造成的，而藉由大笑，可以讓大腦自行產生一種「內生性大麻素」（亦稱「腦內啡」或「喜樂素」），這是一種作用在腦部的天然化合物，能使人感覺愉悅，進而把情緒導往好的方向，產生快樂的情緒，就不容易罹患疾病。而心情好，皮膚自然也會散發光采。

　　有人擔心，如果笑太多、太久，會不會產生皺紋？我可以很

肯定的說，別擔心，大笑反而可以讓臉變年輕。為什麼呢？因為我們的臉部肌肉群一共有五十七條，一般咀嚼、洗臉等動作只會動到其中20%，其餘80%的肌肉群都鮮少使用，久而久之就會變得鬆弛、缺乏彈性。肌肉一旦失去彈性，再多保養品也難以挽回，必須靠拉皮手術才能讓肌膚變得緊實一些。

聽說最近在日本興起一股抗老的臉部瑜珈運動，方法很簡單，就是把臉扭曲、盡量扮醜（扮鬼臉）到最大極限，然後放鬆、按摩。這樣一緊一鬆，可緊緻肌膚、防止細紋產生。

臉部瑜珈其實也是在運動我們很少動到的肌肉群，讓臉部肌肉變得光滑細緻、有彈性。大笑也有同樣的效果，因為大笑必須把嘴張得大大的。然而，無論是臉部瑜珈或大笑運動，主要都是在教人學會放鬆臉部肌肉，不要整天繃著一張臭臉。

利用笑對抗愛滋病

二十世紀最引人關注的絕症就是愛滋病。愛滋病，又稱為後天免疫力失調症，也就是跟免疫力機能有關的疾病，而免疫力是可以藉著笑而提升的。

在日本倉敷市柴田醫院的伊丹醫師提出「癌症和笑的因果關係」研究的同時，京都巴斯德研究所所長岸田綱太郎亦有驚人的發現：大笑之後人體OKT4物質會增加。

OKT4具有破壞被愛滋病毒侵入的T4淋巴球的機能，一旦增加，對於愛滋病的治療會有幫助。而藉由笑，可以自然提升OKT4物質。

另外在一九九二年底，美國新英格蘭大學的迪隆教授也提出類似的實驗報告。迪隆專攻心理學，她實驗的方式是把學生分為

A、B兩組，A組同學只看能夠讓人發笑的錄影帶，B組同學則看悲傷的錄影帶。事後檢查兩組學生的唾液，發現驚人結果——A組學生的「免疫球蛋白A」大量增加了。

免疫球蛋白A多存在於人的淚水、唾液和鼻涕中，含量較多，具有防止細菌或病毒侵入人體的功能，是人體最初的「防波堤」。而藉由簡單的笑就能夠提高人的「免疫球蛋白A」，增加人體的防衛機能，真的非常神奇。

以往被視為不治之症的癌症，伊丹醫生已證明藉由笑能夠產生極大影響，因此從醫學觀點來看，我相信笑對於愛滋病的治療產生效果也同樣可期待。

利用笑抒壓抗憂鬱

根據衛生署的統計發現，現代人壓力過大，與精神有關的疾病，例如焦慮、憂鬱、躁鬱、神經衰弱和失眠的患者迅速增加。而笑，是舒緩緊張情緒、減輕精神壓力的最佳特效藥。

美國史丹福大學醫學院教授弗萊（William Fry）就曾提出報告指出，大笑能直接導致生理功能的轉變，且是一種極佳的內臟運動，能舒緩肌肉緊張、解除壓力、增進血中含氧量等。

澳洲學者哈塞德（Craig Hassed）也從過往研究中歸納出笑是如何幫助健康，不但在心理與生理層面都對人有正向益處，如壓力與焦慮的調適、提升創造力及自信心、拓展人際關係、讓人正面樂觀，其他諸如發炎類疾病、氣喘、癌症、心臟病、皮膚病等所造成的身體不適，也都能在大笑後得到舒緩。另外，在大笑之後人體的腎上腺皮質醇會降低，且血中的白血球數與免疫球蛋白都會增加。

笑，可以讓人忘掉煩惱，還可以治療憂鬱症、乾眼症、失眠等毛病，並提高免疫力，這些都已得到醫學證明。科學家也證實，大笑會使身體的壓力水平降低，且變得更健康。

☺管理身心靈健康很簡單，只要大笑

相信大家都聽說過「笑是疾病的良藥」或「笑治百病」，也有諸多國外研究成果證實，笑對身體健康幫助很多，療效也十分廣泛。只是目前還沒有一種可靠的方法，讓醫生敢把「笑」當成處方箋開給病人。

目前國外出現許多所謂的「歡笑計畫」（laughing program），共同點是以笑來管理個人的身心靈健康，進而對身心產生正面幫助。這些計畫依特色大致分為四類：幽默治療法（humor therapy）、笑療法（laughter therapy）、笑的冥想（laughter meditation），以及愛笑俱樂部（laughter club）。

反觀台灣，早在十幾年前其實就已有人開始正視「笑」的力量，並發展出笑笑功。不過當時對於笑的醫學或科學研究並不多，所以並未引起太多重視。近年來，個人身心靈健康越來越受重視，各國相關的研究也越來越多，在有心人士的引進下，國外流行多年的「愛笑俱樂部」也出現台灣版，一股「笑」的力量陸續在公家機關、民間企業、醫療機構、公益團體、社區公園裡傳播開來。這個身心靈健康管理方法真的很簡單，只要放聲大笑，不用花錢、沒有副作用、又有效果，站在醫生的立場，真的是值得推廣，所以我在門診時常會給病人一張笑運動的推廣單，作為病人的輔助治療處方箋。

　　從醫十多年，以前的我在病患眼中是個很嚴肅的醫生，對病人總是不苟言笑，也很少有互動；接觸「笑」之後，現在病人看到我都會主動打招呼，因為我變得笑臉迎人了。

笑的十大好處

　　笑的好處說不完。一般人不僅可以在笑聲中建立樂觀進取的心態，逐漸養成「正向」的思考習慣，在臨床上，許多苦於壓力相關疾病的患者，也因「笑」的輔助治療，而舒緩許多。

　　大笑可以增進自然免疫功能，增強抵抗力，讓你少感冒；大笑也是天然鎮靜劑、天然止痛劑、天然快樂丸，完全沒有副作用。愛笑瑜珈的發明人卡塔利亞醫師（Dr. Madan Kataria）曾經在其著作《笑，不需要理由》（Laugh For No Reason）裡面提到笑至少有十大好處（注：笑的好處中譯由台灣「愛笑俱樂部」總笑長陳達誠提供），鼓勵大家要多笑，有益健康。

☺笑的諸多好處

提高抗壓性

　　「笑」可以擴張紅血球，以便輸送更多血液到四肢、器官和全身肌肉。另外，一串效果良好的「笑」可以抑制導致緊張壓力的腎上腺素和可體素。

增強免疫系統

　　根據美國加州洛瑪林達大學教授伯克（Lee S. Berk）的研究，「笑」有助於提高抗體的能力、產生自然殺手細胞，而這有助於抵抗某些細菌、病毒和微生物，增強身體的免疫功能。

最佳有氧健身術

根據史丹福大學醫學院教授弗萊的研究，一分鐘的笑等於十分鐘的慢跑。換句話説，笑和其他有氧運動一樣，可以促進血液循環。

減緩憂鬱、焦躁和其他精神官能症

現代生活的緊張、壓力，使得與精神有關的疾病，例如焦慮、躁鬱、憂鬱、神經衰弱和失眠的患者迅速增加。而「笑」已經讓很多人不再依賴大量抗憂鬱藥物、鎮靜劑和安眠藥，擁有更好的睡眠品質，憂鬱症狀也改善許多。

舒緩高血壓和心臟病

實驗證明，在十分鐘的笑之後，血壓可因此降低約10mm至20mm（毫米汞柱），而邊緣性的高血壓患者則可以在一段時間後免除任何醫療。同樣的，對於病情已獲控制的心臟病患來説，笑可以降低血管阻塞及心肌梗塞的危險。

增強運動員的活力

肺活量大小常常是決定運動員表現的重要因素。在任何運動比賽之前，先來一點「笑」，可以放鬆身心，讓接下來的表現更優異。

體內按摩

笑可以促進血液輸送，讓體內各種臟器得到「按摩」效果。這就好像用神奇的手指深入腹腔內按摩臟器一樣，尤其對腸道的

按摩效果更好，可促進血液輸送，讓腸道暢通。

對演員和歌者有幫助

笑可讓肺活量增大，再加上橫膈膜和腹肌的鍛鍊，對於歌唱者和演員在說唱上特別有幫助。而大笑之後身心放鬆，也可增強在舞台上的自信心，並消除恐懼感。

看起來更年輕

俗話說：「笑一笑，十年少。」笑可以鍛鍊臉部肌肉，並經由大量輸送氧氣，不僅豐富表情，臉部也自然而然容光煥發。

促進人際關係和諧

笑可以凝聚眾人，促進人際關係。如果參加團體，會員之間因為互動多，彼此變得熟悉，分擔悲傷哀痛，也分享快樂，就像家人一樣感情親密，人際關係也變得和諧。

增強自信

當你能夠很自然的在公共場所高舉雙手伸向藍天，和一群人共同歡笑，無形中你已經不再畫地自限；再過一段時間，你會變得更合群、更開放、更活潑，也更有自信。

對社會的幫助

陸續不斷有研究報告指出，情緒低落的人容易覺得家庭價值淪喪、覺得孤立，因而造成許多社會問題。而笑能在短時間內幫助很多人擺脫對抗憂鬱藥物的依賴，進而減少社會問題。

　　俗話說：「一笑治百病，二笑解千愁。」當心裡感到一股鬱氣而悶悶不樂時，不妨開懷大笑吧！如果沒有足夠的笑點讓你立刻捧腹大笑，至少可以從假裝大笑開始。

先從勉強的大笑開始

　　哈哈大笑的時候，橫膈膜會大幅度振動，而引起胸肌、腹肌和腰部肌肉的收縮，我稱之為「內臟的按摩運動」，所以經常笑的人在不知不覺中也會鍛鍊這三個部位的肌肉。

☺先習慣有笑的生活

　　大笑就和運動一樣有益身體健康、可以克服疾病，但同樣的，也要像做運動一樣，每天持之以恆的笑。

　　但是一開始要放聲大笑，對某些人而言，或許會因為不習慣而有困難，說什麼都無法笑出聲來。這時不妨退而求其次，先在日常生活中培養知足感恩的心，讓自己小笑不斷，或經常處於發出會心微笑的快樂精神狀態，這些都是很好的笑。

　　根據我的長期觀察，因為心靈豐富而過得快樂的人，隨時隨地都可以自然放聲起笑。而沒有處在這種生活環境的人，剛開始要起笑出聲，總是有點困難。即使如此也不必擔心，如果你現在過著很少笑的生活，只要能夠下意識的維持笑就可以了。剛開始會覺得有點勉強、不自然、做作，這是要讓你習慣有笑的生活，然後逐漸實現一個豐富而健康的人生。

☺勉強的笑和自然的笑有同樣的效果嗎？

然而，從內心發出的自然的笑，和這種出自下意識的勉強的笑，是否效果相同？

數年前，日本關西學院大學的八木研究所曾針對這個問題進行一項實驗，結果發現，即使是勉強笑，也能夠和自然笑一樣增加血液循環，兩者都有很好的效果。

既然能夠得到好的效果，那麼勉強自己笑又何妨？在學會勉強笑之後，時間久了，自然而然可以體會打從心底發出快樂的笑，有多麼開心、愉悅！

不過在這裡要提醒大家的是，下意識的勉強笑和所謂「皮笑肉不笑」的苦笑，可是不一樣的。苦笑，是不願意笑、不想笑的笑，並不是從心裡認可笑的力量，所以這樣的笑是沒有效果的笑；而下意識的勉強笑，是想要笑卻笑不出來、不知道怎麼笑，在心裡仍是認可笑的力量，所以這樣的笑和從心裡發出的自然笑，同樣具有效果。

能夠自然湧現這種快樂情緒的人（無論是自然笑或勉強笑），跟沒有辦法笑的人相比，罹患疾病或癌症的機率也比較低。美國紐約州立大學醫學院曾進行一項研究，追蹤調查一百個人，持續三個月，結果證實：如果精神壓力會削弱免疫系統一天的話，心情愉快則增強免疫系統兩天。這個研究提醒我們，情緒經常處於低潮的人，比天天保持愉快心情的人更易罹病；如果情緒放鬆，或做一些讓自己快樂的事，則是較快從疾病中恢復的一帖良方。

笑讓人化危機為轉機

笑能夠維持健康、有助於治療疾病，國外許多研究都有這樣的結論。其實，笑還有其他精神上的無形收穫，例如可以讓人心情平靜、恢復平常心。如果在生活中遇到困難或挫折，能夠以平常心面對，那麼就不容易做出錯誤的決定，也不會發生讓自己遺憾的事。

☺笑讓我冷靜，挽回產婦的性命

我就曾經碰到一名產後大出血的產婦，由外院轉送到三軍總醫院急救。當時那名產婦的血壓已經量不到，體溫才攝氏三十一度，情況一度非常危急，產房的氣氛十分緊張，醫護人員個個表情凝重。可是直覺告訴我，越處在高壓、緊張的情況下，主事者越要保持平常心面對，才能做出正確而有利的判斷。於是我立刻發揮笑的內在力量，以冷靜而放鬆的態度，凝聚團隊的力量，終於挽回這名產婦的生命。一個多月後，這名產婦也順利的走出醫院。

這就是笑的神奇力量，可以抑制會引發緊張情緒的腎上腺素及可體素分泌，讓人得以冷靜判斷事情的輕重緩急。至今回想起來，我還是很慶幸自己在那麼危急而緊張的時刻並沒有做出錯誤的判斷。因此，笑也可以說是一種動態的冥想與放鬆術，而且迅速見效。

☺笑的威力，連火也擋不住

十餘年前，日本新宿一處曲藝表演場曾發生一起利用笑恢復觀眾平常心的事件。

據說，當時曲藝表演名家三笑亭夢樂師匠坐在高座正要開始表演，臨近出口的場地外竟然發生火災。觀眾聽到這件事，紛紛站起來想要離開，剎時之間，場內開始騷動，並陷入恐慌之中。如果此時觀眾因為慌亂而全部湧向出口，那麼全場一定馬上陷入混亂，有人會因此受傷也說不定。

夢樂師匠馬上發揮機智，對著觀眾說道：「大家請坐下來，我要為各位說說黃色笑話。」很多人因為想要聽他說些什麼，於是紛紛放慢離開的腳步，留了下來。只見師匠熱情而賣力的在舞台上演出，觀眾也看得哈哈大笑，大家很快的平靜下來，不再陷入恐慌。而場外的火災也在工作人員的控制下，順利而快速的滅了火，沒有造成任何人員傷亡。隔天，當地報紙出現這樣的報導：「夢樂師匠『笑』的威力，連火也擋不住。」

雖然這是一則陳年舊聞，但是從醫學的觀點，並對照我自己的經驗來看，觀眾是因為台上的演出而笑，然後恢復了因為恐慌而遺忘的平常心，得以做出冷靜的判斷。這就是笑的驚人妙用。

哪些人不適合練習大笑？

之前說過大笑是「內臟的按摩運動」，然而做運動要化錢、花時間，大笑則不須花一毛錢，也沒有什麼技術，更沒有不良副作用，實在是非常實用又有效的健康法，所以我總是鼓勵病患多笑，對病情有益無害。不過，偶爾我還是會碰到病患或家屬，尤其是那些心臟病患及一些動過繞道手術的病人會好奇詢問：「我真的可以笑嗎？」

☺不能激烈大笑，仍要保持正面情緒

在民間有個觀念：「剛開完刀的人，三個月內不能笑。」身為醫生的我認為，這裡的笑指的是不能過於激烈的大笑，但是像微笑、小笑等正面情緒是可以接受的，因為現在的醫學觀念是鼓勵開完刀的人盡早下床四處走動，可以早日康復。

不過，卡塔利亞醫師以其在全球推廣這項運動十多年所得的經驗，在《笑，不需要理由》中列出了一份疾病清單（注：中譯由台灣「愛笑俱樂部」總笑長陳達誠提供），建議這些疾病的患者在展開愛笑運動前，最好事先得到醫生的認可。

從醫學角度來看這份清單，我發現大笑是非常適合每個人的運動，沒有身高、體型、年齡的限制，但是也有例外：如果有下面提到的這些疾病、症狀，比較不適合貿然練習大笑，只要能做到隨時保持微笑的心就可以了。

　　這份不適合練習大笑的清單並不是要嚇跑你，或剝奪你享受笑這個自然療法的權利，只是站在醫生立場，希望提醒你注意可能有的影響。

☺較不適合貿然練習大笑的人

疝氣

　　疝氣是一種腹腔內臟器的突起，通常是因為部分小腸穿透了已經變薄弱的腹部肌肉。動過腹部手術的人，他們被切開的部位變得很虛弱。由於腹腔不斷增加壓力，就會導致疝氣發生。

　　另一類常見的疝氣發生在腹股溝。當咳嗽、打噴嚏或大笑時，腹腔的東西會在腹股溝處產生腫脹，並透過股溝處向外突出。老人較容易發生這種情況，因為肌肉會隨著年齡增長而變得薄弱。氣喘病或慢性支氣管炎患者，因長期咳嗽，應該特別小心，因為他們更容易產生疝氣。另外，前列腺肥大的患者因為必須在小便和便祕時用力，也容易引發疝氣，腹部的臟器也可能會被推擠到陰囊，引起陰囊腫大。這一系列的腹股溝疝氣也被稱為「間接性的腹股溝疝氣」。

　　另一個引發疝氣的地方在肚臍孔。有些人在小時候只有輕微的肚臍部疝氣，但長大後會變得較嚴重。大笑時如果發現腹部有任何突起，都必須請外科醫生做詳細檢查。更容易受到疝氣影響的患者是有慢性咳嗽、前列腺肥大或慢性便祕的人。

　　如果你某一邊有疝氣，另一邊也有可能發生。最好的選擇就是定期做健康檢查，如果有疝氣，可接受手術治療，並且在笑的時候別笑得太用力。

事實上，咳嗽、打噴嚏和太用力排便的便祕患者，得到疝氣的機會比用力大笑的人大得多。卡塔利亞醫師也表示，愛笑運動在印度推行十幾年，並未發現因為熱情大笑而得到疝氣的案例。

不過一旦診斷出疝氣，也做了外科手術，為求慎重起見，在練習笑瑜珈之前應該請外科醫生再檢查一下，確定無虞比較好。

嚴重痔瘡

有痔瘡而肛門不斷流血的患者，不應該參加大笑運動，因為大笑會迫使腹部的壓力增加，可能會讓症狀惡化。一般而言，動過外科手術的病人在康復後就能夠參加大笑運動。

心臟病

有胸痛症狀的心臟病患，在練習大笑前應該先詢問內科或心臟科醫生的意見。然而，有正常進行藥物治療的心臟病患，即使過去曾經發作，但做過壓力測試後在合格範圍內，仍然能夠參加愛笑運動。甚至是動過心臟繞道手術的人，一旦檢查結果是好的，還是可以練習大笑。

一般來說，如果能做到散步四十五分鐘，就可以練習愛笑運動了。但在心臟病發後或動手術後，至少三個月內應禁止大笑。

癲癇

有癲癇病發作的患者，並不適合進行大笑運動的練習。

懷孕

有一小部分的懷孕婦女，會因為腹部壓力升高導致流產，所

以應避免大笑運動。

流行性感冒

感冒的人應該休息一個禮拜左右，因為流感病毒的感染力很強，而笑的時候很容易噴出飛沫，會把感冒傳染給別人。

好消息是，如果規律進行笑的運動，可以增加抵抗力，較不容易得到感冒，這是最近一次對愛笑俱樂部做的臨床實驗所得的結果。

肺結核病

開放性肺結核患者很容易在打噴嚏時散布出病菌。若連續咳嗽超過十天，應該去照胸部X光，並進行痰液和血液檢驗，看看是否染上肺結核病。

另外，慢性支氣管炎或哮喘患者，或是抽菸的人，因為在笑的時候很容易會有痰，建議帶著手帕或面紙。

青光眼

有青光眼或視網膜出血病史的人，最好不要大笑，因為大笑會讓眼壓升高。在練習大笑之前，應該得到眼科醫生的允許。

台灣三種大笑運動

　　這兩年我投入愛笑俱樂部的活動之後，對笑的驚人感染力有切身感受。原本我們只是幾個人在週一及週四中午利用空檔時間，在醫院廣場放聲笑一笑、動一動、流流汗而已，沒想到笑聲傳開之後，病人、志工、員工及附近民眾陸續被吸引過來，加入笑的行列。現在有許多人在每週一及週四中午會到醫院來跟我一起笑呢。

☺愛笑瑜珈＋笑笑功＋戲劇遊戲

　　透過笑來抒解壓力、改變情緒的團體，近幾年在歐美相當風行，當然這股風氣也吹進了台灣。

　　根據我的調查並實際參與學習的經驗，台灣目前的笑的團體，主要有三大派別：一是自印度引進，與卡塔利亞醫師同一派的「愛笑瑜珈」；一是結合中國氣功，十七年前由高瑞協自創、強調本土派的「笑笑功」；另外一派則是劇場經驗豐富的歐耶創立的「戲劇遊戲歡樂抒壓工作坊」，這是結合遊戲概念，以戲劇方式來演出「笑」。

　　這三大派別中，前面兩種「笑」的保健方式，無論是外來或本土，共同特色就是不強調要有外在的幽默或刺激來激發笑，而是自然而然的笑，這也撼動了「笑」必須伴隨外在刺激而起的傳統定義，所以這種笑又稱為「無理由的笑」。近年來醫學界有關

笑的科學研究與運用，主要是指「無理由的笑」。

　　至於第三種「戲劇遊戲歡樂抒壓工作坊」，其特色是藉由戲劇、故事或遊戲來激發笑聲，進而達到抒壓、減壓效果。因為必須有外在刺激而笑，這種笑又叫作「有理由的笑」。早期西方醫學研究裡跟笑有關的計畫，如幽默治療法、笑療法裡面的笑，多是這種「有理由的笑」，而引發笑的外在刺激包括看喜劇影片、聽笑話等。

　　一九九二年，日本的伊丹醫師發表「笑與癌症」的研究成果，震撼醫學界。這個案例非常有名，其研究方式就是利用「笑的劇場」，讓十九名癌症患者在受歡迎的劇場裡捧腹大笑三小時，然後檢查大笑之前和之後產生何種變化。至今這仍是醫學界肯定「笑」的療法的最佳案例。

☺不管有沒有理由，都可以敞開心房大笑

　　英國的《自然》雜誌曾刊登過一篇探討「笑為何會傳染」的報導，參與此項研究的倫敦大學學院神經科學家斯科特（Sophie Scott）表示，人在微笑時，大腦的某個區域會處於活躍狀態，而笑聲則會「胳肢」聽者大腦的這個區域，讓聽者的臉部肌肉動起來，展現發自內心的笑容。斯科特說：「俗話說的可能沒錯：你笑，人人陪著你笑。」

　　這個研究也讓我想起一句諺語：「你笑，世界也會陪著你笑。」這句話總是在我遇到挫折或困難時鼓舞著我，讓我勇敢面對，奮起向前。

　　你準備好要開懷大笑了嗎？上面提到的三種笑的團體，無論

有沒有理由，都能讓你敞開心房大笑。就從現在開始行動，讓笑
在我們之間互相傳染吧！

2. 愛笑瑜珈的功效
和動作練習

陳達誠

一個平凡男人的不平凡決定

「花十萬元遠渡重洋去學起『笑』？你真正起肖！」回想幾年前，我不顧家人和周遭親友的反對，堅持要到瑞士參加卡塔利亞醫生舉辦的「愛笑瑜珈」訓練課程時，每個人一開始都不相信我是玩真的，從驚訝、狐疑、猜測到轉而支持，一路上的峰迴路轉，至今仍讓人回味無窮。

☺第一次接觸愛笑運動

我是個剛滿五十歲的中年男子，來自桃園一個平凡的小鎮家庭，目前和太太共同經營一家小小的醫療器材行。不論是家世、成長過程、學校課業、長相、身材、穿著打扮或收入財富各方面，我都平凡普通到了極點，走在街上沒有人會多看一眼。

在將近半世紀的人生裡，我一直平平凡凡的過日子，人生唯一一次的「突變」就是花十萬元去學起笑這件事。許多人問我：「為什麼要去上這樣的課？又是在什麼樣的機緣下知道愛笑瑜珈運動的？」這說來也是一個平凡普通的故事。

二〇〇四年初的某一天，我閒來無事打開電視，剛好看到探索頻道正在介紹印度卡塔利亞醫師的愛笑運動。節目裡面說這項運動除了有科學根據，又不需器材、不限場地、不分年齡，且立即有效，種種的好處引發我的好奇心。節目一結束，我就決定寫信和卡塔利亞醫師連絡，想進一步了解什麼是愛笑運動。

　　我積極上網搜尋到卡塔利亞醫師的官方網站，立刻寫e-mail給他，並詢問他台灣是否有這樣的愛笑俱樂部。卡塔利亞醫師很快的回覆我：「沒有！」同時邀請我加入他們：「那就請您來當愛笑瑜珈在台灣的拓荒者吧。」我沒有多加思索，馬上回覆卡塔利亞醫師：「好，我先玩玩看。」於是透過網路先購買了愛笑瑜珈的教材——卡塔利亞醫師的著作《笑，不需要理由》和示範DVD。

☺獲頒台灣第一張愛笑瑜珈笑長證書

　　看著書和DVD影片的內容，我先在家自我摸索了大半年，每逢家族聚會或過年時，我都會和家人、朋友試玩一下。雖然剛開始因為不太熟悉又緊張，「笑」果有限，但我還是不減對這個運動的信心。

　　我把和家人、朋友一起做愛笑運動的情形拍攝下來，製成DVD碟片，寄給卡塔利亞醫師。卡塔利亞醫師看了之後非常開心，認為我已經符合推動愛笑瑜珈這個運動的資格，於是寄了一張愛笑瑜珈笑長證書（Laughter Yoga Leader Certificate）給我。卡塔利亞醫師說，這是頒給台灣人的第一張笑長證書。

　　從小我就是個循規蹈矩的人，而且個性內向安靜，不擅交際。退伍後，為了改變自己內向的個性，特意從事業務工作，也曾經參加各種激勵訓練，但是並沒有獲得很顯著的效果。卡塔利亞醫師的愛笑運動卻立刻觸動我的好奇心，家人親友也都覺得我在練習之後有明顯的改變。如今回想起來，自己還是不太清楚當時怎麼會突然有那麼強烈的好奇心，或許只能用「緣分」兩個字

來解釋。所以，當拿到笑長證書時，一種「自己很棒」的感覺頓時湧上心頭。

☺為了更有效推廣愛笑瑜珈，去瑞士參加講師班課程

既然「好東西要和好朋友分享」，我首先想到自己的家鄉──蘆竹鄉山腳村，那兒有很多親友、同學，我很容易找到基本會員。所以抱著「回饋鄉土」的心情，我在蘆竹鄉五酒桶山的崙頭土地公廟成立台灣第一個愛笑俱樂部。雖然吸引了很多早上做運動的人駐足圍觀，可是兩、三個月後，笑友人數還是不見成長，依然只有我和太太及小弟三個人，我開始懷疑是不是自己哪裡做錯了。

此時，卡塔利亞醫師告訴我他要在瑞士開辦講師班課程，問我要不要參加。那是一個為期七天的行程，包括來回機票、住宿費、學雜費，總共要花十萬元。我猶豫了很久，最後決定「我要去」！親友、同學知道我的「雄心壯志」後，也贊助了一半的經費。

就這樣，我不僅一步步走向愛笑瑜珈，也透過愛笑瑜珈一步步打開視野。在瑞士的講師班中，我認識了許多來自世界各地喜歡愛笑瑜珈的同學，至今還保持連絡，並時時交換各地的「笑」況。從前安靜內向的我變得活躍外向，連交友也變得國際化！

☺愛笑瑜珈讓我快樂的過每一天

　　愛笑瑜珈術不僅改變了我，也讓我的生活有了很大的改變。回台之後，我從笑長升格為愛笑瑜珈的講師，具有在台灣開班授課的資格。我原本以為我的崙頭愛笑俱樂部會因此興盛，想不到人數依然不見起色，正在發愁時，遇見了黃貴帥醫師。在他的建議下，愛笑瑜珈從桃園進入台北，二○○六年六月在國父紀念館的翠亨亭公園成立台北第一個愛笑俱樂部，同時也開辦第一期的愛笑瑜珈種子笑長訓練課程。

　　現在的我，經營生意之餘的大部分時間，就是用來推廣愛笑瑜珈運動，四處演講介紹愛笑瑜珈術和愛笑俱樂部，快樂的過著每一天。即使大部分時間都沒有獲得台下觀眾很好的「笑」果，但是只要一百個觀眾中有一個因我的笑而感動，我就心滿意足，因為學習愛笑瑜珈的心得告訴我：「應該為那一個人的感動而喝采，何須為九十九個人的離開而難過？」因為抱持正面樂觀的生活態度，所以遇到事情可以從不同的角度來看，快樂過每一天也就不難！

　　就像前面說過的，我是一個平凡普通的人，但是現在的我即使生活平淡也很快樂，深刻體會到平凡就是一種幸福。這種快樂的日子，全是因為當年平凡人生裡一個不平凡的決定所賜，那就是愛笑瑜珈！

創始人卡塔利亞醫師的傳奇

在我深入介紹愛笑瑜珈之前，一定要先讓大家認識卡塔利亞醫師，也就是愛笑瑜珈的發明人。

☺孟買最有名的醫生

卡塔利亞醫師是印度人，生於一九五五年，是一名接受合格西醫訓練的醫學博士，已在孟買當地執業超過二十五年，也是孟買傑斯洛克醫院暨研究中心的內科與心臟科權威醫生。近十年來，卡塔利亞無疑是孟買當地最有名的一位醫生，因為他發明的愛笑瑜珈及創立的愛笑俱樂部正快速風靡世界各地，也讓他聲名遠播。

平面媒體如美國的《時代雜誌》《國家地理雜誌》《華爾街日報》《洛杉磯時報》和英國的《每日電訊報》，電視媒體如英國的BBC電視台、美國的CNN和ABC電視網，以及日本的NHK電台「亞洲名人榜」等，都爭相報導這股全球性的愛笑現象。

☺多年行醫經驗發現笑是最好的藥

卡塔利亞醫師是個印度教徒。遠古的印度聖經裡有提到，凡是力行大笑的人都可以百病不侵，而從多年的行醫經驗及撰寫有關笑的醫學研究文章的過程中，卡塔利亞也發現笑是最好的藥，

卻從來沒有人在日常生活中實驗過。一九九五年三月十三日，在孟買行醫已經十五年的卡塔利亞決定在住家附近的公園創立「愛笑俱樂部」，展開將笑帶進生活的實驗。

剛開始，包括他自己在內只有五名成員。他把笑的想法告訴朋友，但大家都取笑他：「你到底有什麼問題？」於是他和四個朋友每天早上約在公園見面，天天講笑話給別人聽，目的是讓每個人笑。有天早上，講完笑話後他們開始大笑，後面才來的人雖然沒聽到笑話，但是也跟著大笑起來。這讓卡塔利亞意識到：笑是會傳染的。

這個「愛笑俱樂部」快速成長，一週內由五個人增加為五十二個人。但十天後，他便發現這個由大家分享笑話、一起在清晨大笑的方式，會面臨笑話說盡，或有些笑話不入流的問題。於是他宣布：「明天開始，我們不再說笑話了。」大家問他：「那我們要怎麼笑呢？」他老實說：「我現在不知道，明天早上我會給大家新的大笑技術。」

☺大笑配合瑜珈，呼吸更深入

回到家後，卡塔利亞醫師專心研讀「笑」的功能，並和教授瑜珈的妻子一起討論。夫妻兩人研讀了許多報告和實驗結果後，發現大笑和瑜珈的呼吸竟然十分類似，於是發展出「呵—呵—哈哈哈」（Ho—Ho—Ha Ha Ha）動作，配合瑜珈呼吸法，並透過大笑，使人體呼吸更深入。「愛笑瑜珈」於焉誕生，成為卡塔利亞夫婦的新發明。

隔天早上，卡塔利亞醫師在住家附近公園內對著五十二位笑

友和來往的路人首次發表愛笑瑜珈。這個簡單的概念出乎意料大
受歡迎。粗略統計，目前全球已有超過六千個「愛笑俱樂部」，
單單在印度就有三千個。

「愛笑瑜珈」從五個人開始到風行全球，是連卡塔利亞醫師
自己都沒想到的情況。而為了專心當一名推動愛笑運動的「快樂
醫學家」，他也停止了醫院裡專業醫生的工作，忙著到全球進行
培訓和演說。

卡塔利亞醫師特別提醒，想要練習愛笑瑜珈，最好在早上
練，如果非得在晚上，最好在九點以前進行。另外，有心臟病史
或動過腹腔手術，以及有嚴重高血壓或青光眼的人，練習這項瑜
珈必須特別小心。

卡塔利亞也主張，每個現代化辦公室裡都應該闢一間「大笑
室」（就像很多辦公大樓有「吸菸室」一樣），讓員工在疲累時
可以到裡面去「笑它一回合」，再回辦公桌前繼續工作。

此「笑」非彼「肖」：「愛笑」名稱的由來

　　由卡塔利亞醫師發明的「愛笑瑜珈」和創立的「愛笑俱樂部」，英文名稱分別是Laughter yoga和Laughter club，前者是內容，後者是團體。二〇〇四年這個概念剛引進台灣時，有人譯為「大笑瑜珈」，有人譯為「歡笑瑜珈」，有人則直譯成「笑瑜珈」，莫衷一是。

　　其實，瑜珈的創立在兩千年前，根據記載，早在公元前二世紀就出現第一本瑜珈教材。而隨著時間推移，也出現了不同體系、不同學派和各種練習的方法，例如在水裡練習的瑜珈，或是笑著練習的瑜珈，這些都是目前正流行的新潮方式，顯示瑜珈並非一種刻板的練習。卡塔利亞醫師以傳統瑜珈為基礎，加上「哈哈」或是「哈西亞」（hasya，梵語裡是笑聲的意思），就是笑瑜珈了。

☺從Laughter yoga到「愛笑瑜珈」

　　Laughter yoga既結合了瑜珈式呼吸，讓身體和腦部獲得更多氧氣，也結合了笑的運動，讓人感覺充滿活力和健康。這個概念乃基於一個科學研究的事實：身體無法辨別真笑和假笑，但同樣可以從這兩種笑得到心理和生理的益處。

　　一般成人的笑都是由頭腦開始，因為外在刺激而笑，然而那種笑是經過思考的。有理由的笑固然很好，但有時可遇不可求。

愛笑瑜珈則主張，我們也可以由身體開始笑，如同小孩子一樣。仔細看看孩子們是怎麼笑的，他們是用身體來笑，大笑的時候甚至會全身顫抖。

小孩子可以為了芝麻小事大笑，即使自己一個人扳扳手指頭，也可以開懷大笑，笑得毫無理由。這也正是愛笑瑜珈最簡單的原理：「笑，不需要理由。」從這個「無理由的笑」之中再發現單純「如赤子之心的愛」，體會到這個「愛」所產生的神奇力量，所以我認為Laughter yoga 的中文名稱應該譯為「愛笑瑜珈」，Laughter club也定名為「愛笑俱樂部」，也就是除了「笑」之外，還要有「愛」。

☺從「外在的笑」練到「內在的笑」

「我是台灣愛笑俱樂部的總笑長，不是學校校長的『校』，也不是台語裡用來說人家瘋了的『肖』，而是笑得如孩童般的『笑』！」每當自我介紹時，我喜歡強調一下此「笑」非彼「校」，更不是那個「肖」。進入愛笑俱樂部，不是在鍛鍊肌肉，也不只是在搞笑，而是要回復久違的「赤子之心」。

這也是為什麼我非常重視愛笑瑜珈的最後步驟——祈禱，因為這就是在表達「愛」。雖然笑是一種身體動作，但它也可以連結到內在心靈的更高境界——對人類的愛。因此卡塔利亞醫師鼓勵笑友要從「外在的笑」練到「內在的笑」——能夠勇於道歉、讚賞、感恩和寬恕。這就是強調「愛」的部分。所以愛笑俱樂部的笑友們不只會燦爛的笑，還會感受到濃濃的「愛」。

另外一個取名為「愛笑」的原因，是為了讓台灣每一個族群

都可以朗朗上口，若是取名「歡笑」，對於講台語的歐吉桑和歐巴桑來說就顯得難講拗口。而我們在練習愛笑瑜珈之後，也確實變得動不動就「愛笑」，一點也不誇張。

愛笑瑜珈真的就是這麼簡單

呵一呵一哈哈哈。大笑配合瑜珈,就是最好的藥。

這個簡單的概念經常讓很多好奇者大失所望,不相信愛笑瑜珈的「笑」果會有什麼驚人的地方。

☺概念簡單,卻讓人不相信它的力量

學過瑜珈的人幾乎99%不太能承認愛笑瑜珈算是「瑜珈」;有「學問」的人對於這樣簡單的動作能產生多少益處感到懷疑;保守的人即使相信這有好處,但在眾人面前做出那些滑稽動作卻像要了他的命;即使有勇氣嘗試的人,在做過幾次以後,也可能因為老是那幾個動作而感到單調無趣,然後放棄;甚至還有小朋友一針見血的批評:「好白痴的動作喔!」

在台灣推動愛笑瑜珈四年多來,不斷聽到這樣的回應。起先我會感到挫折、沮喪,不斷反問自己:「問題到底出在哪裡?」直到二〇〇八年八月十一日創立並經營桃園市龍岡公園愛笑俱樂部,並且堅持每天和一群笑友練習之後,我才領悟到一個道理:要單純把愛笑瑜珈當作一種運動。

突然,我想起發生在一個以色列笑友Nili Dor HaElla身上的真實故事。Nili Dor HaElla是我在瑞士講師班的同學,也是以色列第一個愛笑俱樂部的發起人。我們時常透過e-mail分享當地笑友的情況和推廣心得。

☺愛笑瑜珈讓猶太人和巴勒斯坦人笑在一起

二○○五年，Nili的愛笑俱樂部邀請卡塔利亞醫師到以色列分享愛笑瑜珈的經驗，竟然當場就讓猶太人和巴勒斯坦人「笑在一起」，千年的民族仇恨在笑聲中神奇的消失了。數百年來，多少政治強人都辦不到的事情，愛笑瑜珈做到了。雖然我沒有現場目睹，可是透過Nili的轉述，我同樣為那動人的一幕感到激動不已。

二○○六年初，這個以色列第一個愛笑俱樂部在海法慶祝滿一週年。Nili說，在週年慶祝派對上收到來自俱樂部會員的神奇禮物，就是會員們給她的愛，愛笑瑜珈術不只為會員們帶來身心的健康快樂，更豐富她的生命。我也深有同感。

現在，若有人因為愛笑瑜珈怎麼這麼簡單而感到失望時，我會肯定的說：「不要懷疑！愛笑瑜珈真的就是這麼簡單。」然而，看似動作簡單，蘊藏其中的道理卻不是那麼「簡單」，因為它們是通往健康、快樂、幸福最快的學習途徑，必須等你自己親自去挖掘、體會，才知道力量所在。

卡塔利亞醫師說過一句話：「當你笑的時候，你就改變了；當你改變了，周遭的世界也跟著你改變了。」而我則喜歡套一句廣告詞：「Just do it!」去做，就對了！愛笑瑜珈真的就是這麼簡單而已，不要懷疑！

世界愛笑日：藉由笑，帶來世界和平

　　笑是一種強而有力的正向情緒，它可以在周遭創造出一種正向的氛圍；而當一群人一起笑時，則會建立一種集體的社群氛圍。卡塔利亞醫師認為，如果一個國家內的愛笑群體不斷增加，將改變整個國家的氛圍。因此，若在全世界都有愛笑俱樂部，當世界各國愛笑俱樂部的成員每年選擇一天同時進行愛笑運動時，一定能引起全球性友誼意識的覺醒，進而帶來世界和平。我們稱這天為「世界愛笑日」（World Laughter Day）。

☺每年五月的第一個星期日是世界愛笑日

　　每年五月的第二個星期日是母親節，這是全世界同步慶祝的重要節日。但對散布在世界各國的六千多個愛笑俱樂部笑友而言，五月份還有一個相當重要的節日，那就是第一個星期日的「世界愛笑日」，由卡塔利亞醫師發起。

　　我們如何藉由笑，帶來世界和平呢？道理非常簡單。外部世界的戰爭，其實是個人內在戰爭的反映，這種內在戰爭一直在全世界人們的內心裡不斷發生。而愛笑瑜珈運動除了帶來身體的健康和安寧，笑的內在精神更將幫助我們理解更深層的生命意義。如果一個人內在常有和平的正向情緒，這樣的內在和平也將反映到外部世界。

☺世界愛笑日的活動

　　世界愛笑日當天，各地的愛笑俱樂部笑友和支持者會先聚集在城市的重要地標，如大廣場、體育場、公園或大禮堂等，隨即舉行和平遊行，在城市的主要幹道上走幾公里，帶著旗幟和布條，邊走邊喊口號，例如：

- 笑出世界和平
- 全世界是一個大家庭
- 為生命而笑
- 愛和笑
- 愛笑不用言語
- 自己笑也要助人笑
- 笑：一種正向的能量
- 參加愛笑俱樂部──免費
- 我愛笑

　　在和平遊行期間，大家會一面喊口號，一面配合「呵—呵—哈哈哈」的笑聲，同時鼓掌及跳舞。在走了一段距離後，隊伍會停一會兒，在原地做一、兩個愛笑瑜珈運動，例如搖牛奶的笑、聽手機的笑、獅子的笑、一公尺的笑、打招呼的笑等等。

　　在遊行終點處，大家會在一個舞台前面集合，然後由笑長（愛笑瑜珈活動的領導人）帶領一個簡短的愛笑瑜珈運動，大概十分鐘，之後宣讀一封來自卡塔利亞醫師的信。最後全體成員閉上眼睛祈禱一分鐘，祈求世界和平。整個活動就在音樂、舞蹈、

歌聲及慶祝聲中，圓滿結束。

　　二〇〇六年五月七日，台灣的愛笑俱樂部在台北市政府前廣場公園舉辦第一次的「世界愛笑日」。當天風和日麗，非常舒服，來參加的人都不在意有多少人參與這個活動，或是受到多少矚目，因為那天我們用笑與全世界六千多個愛笑俱樂部連成一氣。相信以後每年五月的第一個星期日，台灣也都不會缺席。

愛笑瑜珈練習（一）：
臉部基本功、暖身五步驟、九大經典動作

　　先前的章節已經詳述過笑對身心健康的好處，但最重要的還是要親身體驗。愛笑瑜珈的動作簡單易學，只要有書和示範影片光碟，自己在家學習、依樣畫葫蘆並不難。現在，就讓我們來進行一場愛笑瑜珈的紙上練習。

☺臉部肌肉訓練

　　早上起床刷牙洗臉後和晚上上床入睡前，各做一次，每次五分鐘，不要管當時情緒如何，因為這些都是生理動作，就像體操或慢跑一樣。這個「事前功課」可在家裡浴室做，面對鏡中的自己做鬼臉，目的是要盡量運動臉部的四十七條肌肉（根據探索頻道的報導，人可以做出五千種不同的表情）。然後進行笑臉訓練：

第一步：嘴巴張大，擺出「啊」的嘴型，要張到至少可放進三根指頭高。

第二步：嘴巴發出「伊」的音，再喊「大」，最後再變成「O」的嘴型。

第三步：嘴巴發出「啊」，接著將臉頰鼓起，喊出「補一布」的音。

第四步：揚起嘴角，發出「嘻」的音。最後張大嘴巴，讓舌頭「啦啦啦」的動一動。

做笑臉時，假笑、乾笑都可以，要笑出聲音來（為免家人聽到而誤會你怎麼了，一開始不要太大聲），不要有任何念頭，做五分鐘，然後感覺一下笑聲訓練之前和之後的情緒有何變化。請務必連續做七天。

☺起笑之前的暖身運動

主要是肩膀放鬆、頸部旋轉的動作。

1. 手臂肩膀的暖身

雙手上折輕摸雙肩，以肩膀為中心，用手肘向外畫圓圈五次，再向內畫圓圈五次，可以讓上背部的肌肉放鬆。

2. 頭頸部肌肉的暖身

身體放輕鬆，雙手自然下垂，然後緩慢旋轉頭部，順、逆時針各做數次，也可以向左右移動。

3. 全身舞動的暖身

先從雙手自由舞動，再來是上肢，接著延伸到整個上半身，然後加入腹部的扭動。接著是下肢，最後讓全身及四肢往各個方向自由舞動。

舞動時，要不斷告訴自己盡量放鬆心情、放鬆身體，讓每個細胞、每條肌肉、每根骨頭、每個關節都因放鬆而變得柔軟，心靈也柔軟。

4. 哈哈哈吐氣暖身

雙手緩慢上舉時吸氣，吸到丹田（腹部脹起），然後雙手高舉過頭，伸展一下，憋氣五秒。接著吐氣時雙手慢慢放下，並用「哈、哈、哈」的聲音吐氣。這樣也可以刺激笑意產生。

5.「呵─呵─哈哈哈」暖身

這是起笑之前的準備動作。

有節奏的拍手（兩長三短），並從腹部用力發出「呵─呵─哈哈哈」的聲音，同時露出微笑的臉，大約兩分鐘後準備進入笑的動作。

如果是和他人一起練習，可以一邊發出「呵─呵─哈哈哈」的聲音，一邊隨意走動，以微笑的臉和別人做眼神接觸。若參與的人數少，盡量和每位參加練習的人都接觸到；人數多的時候，大約進行兩分鐘後即可高舉雙手表示停止。

接著開始進入笑的動作練習。而每種笑的動作完成之後，再做三、四次「呵─呵─哈哈哈」動作，每個人都要變換位置，不要像植物一樣不敢移動。

☺愛笑瑜珈的九大經典動作

這一套取材自卡塔利亞醫師的愛笑瑜珈運動，共有二十四種笑的動作，我大致將之分為三大類：一是瑜珈式的笑，二是有教化意義的笑，三是讓心情放鬆、娛樂的笑。前兩類是卡塔利亞醫師推動愛笑瑜珈之初最先創造出的笑的招式，有些來自瑜珈的演化，所以被視為入門式，也是愛笑瑜珈的經典動作，共有九種。

1. 打招呼的笑

也稱為握手的笑。伸出手和別人握手,同時笑出來。一定要目光接觸,想像自己見到一位老朋友。你可以做「蒙娜麗莎的微笑」,也可以來個「紳士風度的笑」,或是「開懷大笑」都可以。做四十秒左右。結束時做三次「呵一呵一哈哈哈」動作。

如果你是一個人練習,可以試著對著鏡子來做。

2. 搖牛奶的笑

伸出雙手,握拳模擬抓住奶瓶,伸出拇指模擬瓶口。然後上半身向左搖一次,同時發出「耶伊」聲;再向右搖一次,一樣發出「耶伊」聲。接著身體向後仰,做出喝牛奶狀,並發出笑聲。

可重複做三、四次。結束時做三次「呵一呵一哈哈哈」。

3. 一公尺的笑

雙手先做出「要拉弓射箭狀」，「持弓」的手不動，「拉弦」的手分三段向另一邊張開，同時有節奏的發出三聲「耶伊」「耶伊」「耶伊」。最後雙手張開，頭向後仰，並發出笑聲。

可換手做三、四次。結束時做三次「呵—呵—哈哈哈」。

4. 獅子的笑

這是從瑜珈的「獅子吼」演化過來的，是鍛鍊臉部肌肉很好的運動，也可以活化頸部的淋巴腺。

動作是：伸出雙手，五指張開，在胸前模仿「獅子舞爪」。嘴巴盡量張開，並吐出舌頭，眼睛瞪大，發出「哈」「哈」「哈」的聲音。同樣也要和他人目光接觸。

做四十秒。結束時做三次「呵—呵—哈哈哈」動作。

5. 稱讚的笑

伸出拇指，指向別人，表示讚賞別人；然後指向自己，表示「你好，我也好，大家都好」的三贏狀態。指的時候別忘了發出笑聲。

6. 爭論的笑

笑也可以用來吵架？這是要轉化吵架的負面意涵，提醒自己：不管未來遇到什麼狀況，都要以正面積極的態度面對。

動作是：伸出一隻手的食指，指向某人，但是要笑臉相迎，並發出笑聲。如果多人一起練習，可以變換不同的對象。

做四十秒。結束時做三次「呵一呵一哈哈哈」動作。

7. 看護照或身分證相片的笑

這是模擬看到護照或身分證舊照片裡的青澀模樣，忍不住哈哈大笑起來的表情。

動作是：先舉起一隻手，另一隻手再指著之前舉起的手，眼睛注視三秒後，發出「呵—呵—哈哈哈」的聲音。可找別人互動。

8. 學到教訓的笑

右手放頭上，象徵學到別人的教訓；再把左手放頭上，表示學到自己的教訓。然後搖擺身體發出笑聲。要找別人互動。

做四十秒。結束時做三次「呵—呵—哈哈哈」動作。

9. 安貧樂道的笑

雙手作勢掏出褲子口袋，表示空空如也。做四十秒，記得要發出笑聲。結束時做三次「呵—呵—哈哈哈」動作。

上述動作並沒有一定的順序，你可以跳著做。也不是每次都要做完九種動作，才能進階到變化式。

愛笑瑜珈練習（二）：
進階變化式

　　前面說過，一套愛笑瑜珈的二十四種笑的動作，最後一類是讓心情放鬆、娛樂的笑，這是笑友創意的發揮，因為愛笑瑜珈並沒有一定的動作，很多笑友在融會貫通之後，常會依自己的發想或創意，自創笑的招式，所以這一類笑的招式也最多，據說已經發展出一百多種。不過目前在台灣的愛笑俱樂部中，這種創意的笑的動作，比較常用的約有十五種。

☺愛笑瑜珈的十五種進階變化式

1. 電到的笑

　　伸出食指和另一人的食指接觸，假裝自己因觸電而跳起來，然後笑出來。想像你被不同「電量」電到會有什麼不同的反應，這就是可以發揮個人創造力的地方了。

2. 抱歉寬恕的笑

或稱為無奈的笑。兩隻手掌向上攤平舉在兩側，一臉無辜、請求原諒的樣子。

3. 閉嘴有聲的笑

嘴巴閉起來，但要發出聲音。可找別人互動。

4. 張嘴無聲的笑

張開嘴，用丹田之力吐氣笑出來，但不發出聲音。可找別人互動。

5. 中樂透的笑

雙手向上做雀躍狀。

6. 接電話的笑

想像接到多年不見的老友的電話，很高興，然後又聽他講了一個笑話，就笑出米了。可找別人互動。

7. 喝到熱（辣）湯的笑

雙手舉在胸前甩動，好像被熱湯燙到。接著想像「喝到辣湯」，用手一直摳張開的嘴巴，然後笑出來。要找別人互動。

8. 破涕為笑

蹲下時，假裝傷心大哭（發出「嗚」的聲音）。接著站起來，雙手上舉並笑出來。這是要讓你體會情緒變化的速度，學習情緒的彈性，因為哭或笑都是自己的選擇。

9. 猩猩的笑

　　模仿猩猩走路的樣子，雙腳外翻、屈膝半蹲的跳走，雙手則呈半圓形下垂。要發出「呵—呵—哈哈哈」的聲音。可找別人互動。

10. 金剛的笑

　　模仿金剛站立、捶胸的樣子，同時發出「呵—呵—哈哈哈」的聲音。可找別人互動。

11. 冰塊放到身體裡、忍不住打冷顫的笑

想像冰塊掉進衣服裡，身體忍不住打冷顫、上下抖動，同時發出「呵—呵—哈哈哈」的聲音。

12. 搖擺的笑

這個動作比較適合多人一起做。

所有人手牽手圍成一圈或內外兩圈，由笑長（或某人）帶領大家發出聲音向前跑。跑到中間時手舉高，笑出來，再退後到原位。總共跑四次，分別發出「耶」「咦」「歐」「嗚」的聲音。

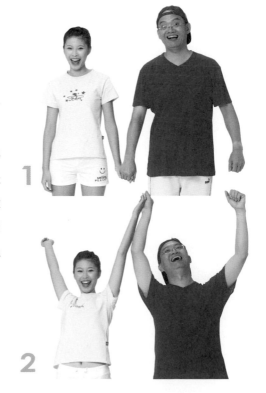

13. 漸漸的笑

這個動作也適合多人一起做。

所有人盡量靠近，讓手臂靠手臂。伸出右手掌，向上張開五指，然後用左手依序折彎右手手指。從小指開始，一邊折一邊笑；然後折無名指，笑聲再大一些。每折一根指頭就笑得更大聲，依此類推，折的時候彼此要交換快樂的眼神。最後折到大拇指時，所有人的笑聲要大到讓老天都聽到。接著換左手。

然後再做一次，但這次不要扳手指頭，而是讓身體自然的、漸漸的笑。

14. 擁抱的笑

也叫作親密的笑。這個動作至少要兩個人一起做，在彼此感覺舒服的情況下，盡量和別人身體接觸，或握手或擁抱，同時要笑出來。

如果人數夠多，可以分成男女兩邊，同性互相擁抱，這樣笑起來可能會更自在。

15. 收功結束式

a. 呼口號：笑長（或團體中的某人）喊：「我是全世界最快樂的人。」所有笑友同時雙手上舉，喊：「耶！」；再次呼喊：「我是全世界最健康的人。」笑友動作同上。

b. 祈禱：祈禱是很重要的收功步驟，可以讓你飛揚浮躁的歡樂沉澱為內在深處的喜悅。這時身體要放輕鬆，雙手上舉，閉上眼睛。祈禱詞以「感恩」起頭，結尾一定要「祈求世界和平」。

除了上述笑的動作之外，台灣笑友還發展出具有地方特色的笑法，例如七爺八爺的笑、放鞭炮的笑、腸胃舒暢的笑、釣魚的笑、颱風天雨傘開花的笑、搓湯圓的笑、芝麻開門的笑等等，頗具創意。

☺起笑時的配合動作

1. 如果是參與團體練習，做動作時記得要跟其他笑友彼此眼神接觸。而一個人練習時，可以在浴室的鏡子前練習眼神接觸。

2. 每個動作做完後，一邊拍手，一邊在「呵—呵—哈哈哈」的節奏中，隨意走動、變換位置。如果是團體練習，在「呵—呵—哈哈哈」時亦可和其他笑友彼此四掌對拍。

3. 每做完兩個笑的動作後，要做一次腹部深呼吸。深呼吸時，雙肩放輕鬆，雙手慢慢向上舉起時吸氣，務必吸到腹部隆起。手舉過頭頂時，頭也略向後仰，讓手向上、向後伸展，此時憋氣，暫停五秒。接著慢慢把手放下，同時吐氣，盡量將氣吐光，感覺腹部塌下去。也可用笑聲把氣吐出來，讓喜悅之情充滿呼吸之間。

☺起笑時的小提醒

動作要領

1. 笑的力量盡量發自丹田。
2. 隨意走動，要有眼神接觸。
3. 笑的動作中盡量不要加入「語言」。

心態要領

1. 專注在當下（此時此地），專注的笑。
2. 讓外在動作引導內在情緒──假笑才可以變真笑。
3. 輕鬆挑戰目標──放下我執，回復赤子之心。

練習時間

建議每天早上練習，至少要連續做四十五天，每次至少二十到三十分鐘；若時間許可，延長為一小時也沒問題。至少要做到稍微流汗、輕微喘氣的狀態。

笑友見證：愛笑瑜珈的驚人力量

愛笑瑜珈有哪些驚人力量，相信笑友們的體驗是最深刻、最直接的。以下是幾個見證愛笑瑜珈驚人力量的真實案例，一起來聽聽他們的故事吧！

案例1

林美鳳，女，一九四八年生，乳癌第二期患者

二〇〇六年，醫生宣布我罹患了乳癌，已經是第二期。雖然我認命的馬上開始治療，前前後後進出醫院二十四次，一整年都在進行化療和追蹤，病情也很快獲得控制，但是在治療過程中，我變得很不快樂、憂鬱、消極，不斷的問：「為什麼是我？」即使出院後，這樣的情緒還是未曾消失。

有位鄰居知道我的病情後，熱心的跑來我家，要我跟他一起參加他正在練習的愛笑運動。我們雖住同一社區，但平時不常往來，我一時被他的熱心感動，所以在治療期間，第一次跟他去了麗山國小的愛笑俱樂部。不過那一次卻把我嚇壞了，因為我看到五、六個人站在一起，像瘋子一樣笑得好誇張。個性內向害羞的我根本不敢踏進去，在門口站了一下就臨陣脫逃。

後來，愛笑俱樂部的內湖據點從麗山國小移到碧湖公園的戶外場地，練習時間也改為每天清晨。有一天，我在碧湖公園散步時，意外看到他們在練習愛笑運動。第一、二天我都只是靜靜的

站在旁邊看;第三天我站在人群最外圍,跟著他們一起慢慢做動作、和別人擊掌;第四天我努力擠出笑容;第五天我在練習時試著走動、變換位置;第六天我開始融入他們的笑聲中。就這樣,我慢慢改變了自己。一個月後,家人就發現我有了很大的轉變。

以前的我性格比較內向,不太有自信,不太說話,不喜歡和別人交流(包括先生、兒女等家人)。尤其生病之後,心情抑鬱,有時一天說不到三句話,是一個相當沒有自我的傳統女人。但是練習愛笑運動之後,現在的我心情開朗多了,比較有自信心、有幽默感,也喜歡和別人交流,認識了很多朋友。在家裡的話題也多了,常常和家人聊天,而且不會動不動就生氣,不再怨天尤人。

我很開心有這樣的轉變。我目前處於追蹤期,但近幾次的檢查數字都很正常,讓我很安心。對一個生過大病的人而言,這三個月來參加愛笑運動,讓我感覺這真是一帖不花錢的良藥。日後我還是會持之以恆的練習,因為愛笑運動主張:「生病是因為心裡不快樂,人一快樂就比較不會生病。」

案例2

許明焱,男,一九四九年生,憂鬱症患者

幾年前,我從工作崗位退休,並將退休金投入股票市場,開始過起每天看股票的日子。可是自己畢竟不是這方面的料,所以沒多久,投資的股票就一路跌,所有投進去的錢全虧掉。我煩躁得睡不著,心情鬱卒,不知道怎麼辦,對家人也很沒耐性。吃了半年的抗憂鬱症藥物,還是沒用,自殺的念頭經常浮現腦海,曾

經嚴重到看到繩子就害怕自己會拿來上吊，爬上高樓就想要往下跳。

有一天，我看到一則標題為「大笑可以解鬱卒」的報導，心想不妨試試看，於是就跑去學。笑笑功、愛笑運動我都去參加，一開始也是覺得他們的笑很假，不太能接受，但是每次做完運動後，心情都覺得很輕鬆、愉快，所以只要是他們舉辦的活動，再遠我都會去參加。

不久，我就發現自己心情慢慢變好了，不必再靠外來藥物控制情緒，只要做做大笑練習，就可以讓我的心情變得快樂，不再鬱卒。漸漸的，我忘記了股票慘賠的事，也開始可以接受「人生有得必有失、有失必有得」的道理。沒多久，我毅然決定放棄繼續看股票的日子，把手上的股票全部賠本賣出，真正跳出鬱卒的人生。

後來，得知愛笑運動開辦了種子訓練班，我馬上報名參加，很認真的加入愛笑運動的推廣至今。現在的我天天笑，對家人的態度也完全不一樣了，常常主動替他們服務，而且覺得這是件很快樂的事。另外，我還加入慈濟當義工。

因為愛笑運動，我的後半段人生完全改觀，過得豐富而有意義。

案例3
陳萬火，男，一九五八年生，因媽媽生病而長期心情低落

我接觸愛笑運動的緣起，一開始並不是為了自己，而是為了罹癌的媽媽。

　　二○○六年初，我參加了國際青商會附設的健言社舉辦的「笑出幸福人生」課程，得知這個愛笑運動真的對身心有很大的好處，覺得很新鮮。

　　但是當時只聽了一堂課，沒辦法滿足我好奇的個性。為了進一步了解愛笑瑜珈，我參加了國父紀念館的愛笑俱樂部，每週練習一次。不過，當時我並沒有很認真的看待愛笑運動，只當作是和朋友的定期聚會。

　　二○○六年中，我媽媽意外發現罹患了食道癌。為了防止癌細胞擴散，便進行胃切除手術，將胃切掉近三分之二，只剩下三分之一，吃東西不易吞嚥，食量也變很小，只能吃流質或絞碎後的食物。

　　當時已七十高齡的媽媽為了治療食道癌，先後做了五次化療，身心飽受折磨，終日悶悶不樂。原本五十八公斤的體重，一下子掉了二十公斤，只剩三十七‧五公斤，瘦得像皮包骨，讓身為子女的我十分心疼，不知道怎麼辦，心情陷入低潮。

　　不忍心媽媽就這樣日漸虛弱，我每天都在尋找有沒有什麼方法可以幫助媽媽。我心想：「既然愛笑運動有好處，何不帶媽媽一起試試看？」而且一週只做一次太少了，每天都做比較有效果。就是這樣一個單純的念頭，我開始帶著媽媽在住家附近的公園做愛笑運動。

　　剛開始練習大笑時，媽媽覺得我很煩，不願意跟著動。後來拗不過我的逗笑，終於也慢慢笑開了。現在，不僅我們母子倆每天早上都在公園裡笑得十分開心，還不時有人加入我們笑的行列。

　　笑開來的媽媽，因為笑臉洋溢、心情快樂，胃口也大開，比

較願意吃東西。沒多久，媽媽的體重就止跌回升，現在已經恢復到四十五公斤，精神狀況良好。

看到媽媽的身體越來越好，我的精神壓力也減輕很多，而且每天陪著媽媽一起做愛笑運動，也讓自己個性改變很多，容易感到滿足、快樂，這也是我意外的收穫。

案例4

卓靜妹，女，一九四四年生，因乾癬引起無汗症

我是個乾癬患者。乾癬是因自體免疫系統異常所引起，常常發作在膝蓋、手肘、頭皮、四肢、軀幹等部位，會形成一塊塊牛皮一樣厚的斑塊，上面覆著銀白色的皮屑。乾癬並不會傳染，但患者卻常因為皮膚的紅斑和脫屑而遭到社會排擠。另外，乾癬的皮屑也常常會阻塞汗孔，而引起少汗或無汗症，我就出現了這種症狀。

自從一九八三年乾癬發作之後，我給自己取了一個「小象妹」的綽號。二十多年來受盡折磨，除了定期就醫之外，我試過各種療法、上過各種心靈課程，花了不少錢，為的就是減輕身心的痛苦，但老實說都沒什麼效果。

二○○六年，我第一次在廣播節目裡聽到主持人介紹「笑的好處」時，我就想試試看，但是當時並沒有找到節目裡提到的練習據點，就這樣錯過。

二○○八年七月二十一日清晨，我經過碧湖公園，遠遠就聽到一群人「呵一呵一哈哈哈」的笑聲。我立刻想起之前遍尋不著的愛笑運動，心想：「難道這麼巧，真的是愛笑運動嗎？」這次

我很快找到了，因為聲音很大。

我看到一群人個個笑得誇張，有人還邊擦眼淚邊笑，模樣真的很奇怪。我站在旁邊觀察了老半天，覺得這個團體讓人感覺很親切、沒有壓力。在最後五分鐘，我跟著他們一起笑，發現動作簡單易學，而且很有趣。很快的，我融入他們的笑聲中，渾然忘我。活動結束時，我發現我竟然流汗了！

二十多年來因為乾癬引起的無汗症而無法正常流汗排毒的我，才做了短短五分鐘的愛笑運動，竟然就流汗了！沒有跑、沒有跳，只是不斷的大笑，就可以讓我流汗，我當下的驚訝和歡喜，難以言喻。

持續做了一個禮拜的愛笑運動之後，我的汗水已經像雨滴般落下，每每回家後都必須先洗個澡才行。現在的我已經可以正常流汗了，雖然皮膚的乾癬症狀仍然存在，關節有時還是會感覺疼痛，但身體已經可以自行排汗，不再因為無汗問題而感到困擾。

現在的我天天風雨無阻到內湖的愛笑俱樂部練習愛笑運動，有什麼活動我也積極參加，因為我深深覺得：「有病是得找醫生，但是追求健康還是要靠自己。」

案例5

林志鴻，男，一九七七年生，憂鬱症及強迫症患者

我是個想得比較多的人，有憂鬱傾向，每天必須吃藥控制，但病情並不是很嚴重。

二○○六年某天，我因為接到詐騙集團的電話，誤以為弟弟的手腳被人砍斷了，一時產生過大的壓力，讓我無法承受，突然

一下子引發了嚴重的憂鬱症和強迫症。

病發之後，我吃不好、睡不好，每天都覺得憂鬱而自閉，悶悶不樂。雖然吃了藥，還是無法控制負面情緒和思考方式，像顆不定時炸彈般，隨時都會爆發。我還開始嚴重發胖、體型走樣，大大的啤酒肚看來像個孕婦，脾氣卻越來越像小孩子，動不動就哭鬧、纏人。家人都很擔心，但也不知該怎麼辦。

幸好我有一個有耐心、有智慧的媽媽。她覺得，我是因為擔心家人才發病，那麼「如果我自己先變得快樂，阿鴻自然也會慢慢恢復了。」

她聽說笑對憂鬱症有幫助，便先去附近的公園體驗一番，第一次就感覺不錯，心情很輕鬆。沒多久，在二○○七年十一月初，媽媽就帶我第一次參與愛笑運動。我的笑容已經多年不見，那天我難得笑了，媽媽開心得不得了！

從此以後，媽媽每天早上都帶我一起去練習愛笑運動。一個禮拜後，我發現我變得比較有自信，每天都要吃的藥停掉之後，也沒有事。真的很神奇！

不僅我變了，媽媽也變得幽默感十足，她會「驕傲」的摸著我的肚子說：「我們阿鴻懷孕三個月啦！」這是以前不曾發生的事，我們母子倆越來越親密。

持續練習愛笑運動三個月後，我的啤酒肚不見了，體重從八十五公斤恢復為六十五公斤的正常體重，快樂減掉了二十公斤。笑友們個個讚歎我的改變，但最開心的是媽媽，因為她找回了她的兒子。

3. 笑笑功的好處與功法

高瑞協

笑笑人生樂逍遙

　　「雙手往上抬，嘴張開，越大越好……來練笑笑功。」我的學生形容我大笑的瘋癲樣，既是「大笑公」，又像「笑彌勒」，發出的狂笑聲十分具有感染力。可是很多人不知道，在二十年前，我卻有個讓屬下聞風喪膽的綽號——魔鬼班長。現在在他們眼中，我早已從昔日的「企業魔鬼班長」身退，成為散布希望的「人間歡喜佛」。而這一切的轉變都是因為「笑笑功」。

☺曾經是讓屬下畏懼的狠角色

　　我今年剛滿五十五歲，兩年前才從瑞豐造紙公司副董事長職位退休。曾經以出產「純潔」衛生紙打響紙業本土品牌的瑞豐造紙公司，二十多年前是國內中小企業引進「魔鬼訓練」的始祖之一，當時我就是在公司內擔任魔鬼訓練助教。

　　魔鬼訓練要求企業員工鍛鍊體能及領導統御能力，甚至鼓勵員工拋棄自尊，一大早就站在大門口做早操、喊口號，這種種「招數」為的就是業務績效。在績效至上的目標下，我成為讓屬下畏懼的狠角色，甚至六親不認。

☺開始參加各種成長課程

　　因為推廣業務的關係，我們經常得舉辦活動，為了學習與消

費者互動，我開始接觸成長團體。記得有一次參加成長課程時，我覺得帶領的老師充分了解我，也觸動了我內心深處渴望被了解的情緒，因此哭得聲嘶力竭、渾身大汗。雖然覺得不好意思，但是當情緒發洩完之後，我多年的偏頭痛竟然不藥而癒。那時我才發現，流淚和流汗原來是那麼暢快的事。

　　我開始懂得反觀自己，這才知道，別說其他人不了解我，連我也不太了解自己。於是在工作之餘，我更加積極投入成長學習的課程，極力開發自己的各個面向，舉凡中醫、經絡、太極、氣功、潛能開發、呼吸治療、心理劇、家庭重塑、家族排列、同理心、生物能、NLP、自我成長、肢體和聲音開發、戲劇表演等各種課程，我都參加過，甚至遠渡重洋到加拿大參加很有名的海文中心自我成長訓練課程。

☺開闢廣播節目，成為「笑笑功」的前身

　　一九九〇年左右，我從加拿大進修完回台，在回程飛機上偶然看到一篇雜誌報導提到新加坡某電台有個空中成長團體，可以讓聽友互相分享心事。我覺得這樣的節目非常好，不僅對社會和諧有相當大的助益，也能提升企業的形象。

　　回到工作崗位之後，我第一件事就是說服公司出資贊助，在中廣開闢《窗外有藍天空中成長團體》節目，還增設聽友聯誼的「純潔成長列車」成長團體活動，提倡身心靈改革的重要，由我自己負責製作節目內容及帶領成長團體。這也是現今「笑笑功」的前身。

　　工作及電台節目主持之餘，我還和以前一起上過肢體聲音課

程的朋友共同組成「聲音劇團」。這個團體是由雲門舞集的創團舞者之一陳偉誠老師指導。我們時常在劇團裡一起討論「純潔成長列車」的內容，我的大笑動作經過陳偉誠的肢體詮釋後，演練起來極像一套完整的功法。後來，我又學習了中醫的經絡課程，逐漸領會疏鬆筋絡的方法，以及氣功中的丹田呼吸、調息。我將這些融會貫通之後，慢慢將氣功的呼吸、疏鬆筋絡方法導入大笑的功法中，經過三、四年的摸索、演練，才自創出這套「笑笑功」。

☺本土品牌笑笑功

將老祖宗的氣功和人人都會笑的本能結合在一起的笑笑功，是完全源自台灣的本土品牌。笑笑功的方法是運用呼吸，當氣吐到不能再吐時，瞬間鬆開，可以得到最大量的氧氣；而細胞獲得足夠氧氣就會活化，身體自然變得健康。

十七年來，我帶著這套功法到醫院的精神科病房、監獄、看守所、毒藥物癮勒戒所、憂鬱症照顧團體及安寧照顧病房，免費教學，每天都覺得人生越來越快樂。

笑笑功已經改變了我的人生，兩年前退休之後，我更全心投入笑笑功的推廣。目前笑笑功仍不斷在改良與調整，但主要理念還是希望透過氣功與大笑的身心療法，讓人們身體更健康、心靈更快樂。

笑應該被當成一種生活態度，不只練笑笑功，平常待人處世就應常保笑容。例如媽媽原本氣呼呼的要兒子去收拾東西，卻因此讓親子關係緊張；如果媽媽能改變態度，笑笑的對兒子說：

「該去收拾東西囉。」相信小孩更能心悅誠服的接受媽媽的建議。

　　笑可以讓人充滿能量，去面對挫折與低潮。也唯有隨時不忘「笑」的態度，人生才能時時樂逍遙。歡迎大家一起跟我來起笑！

老莊哲學與貧窮劇場的啟發

喜歡表演藝術的人，一定都聽過波蘭劇場大師果洛托斯基（Jerzy Grotowski）跟他的貧窮劇場理論。但是果洛托斯基和笑笑功有什麼關係？

☺「無為而笑」的哲學

我曾跟隨果洛托斯基的入室弟子陳偉誠老師上「大自在」課程，長達三年之久。透過陳老師，我一點一滴接觸了果洛托斯基。

果洛托斯基要求每個演員身心靈要開發到最高境界，進入寧靜、無我的狀態，之後才能真正放鬆，達到大自在。另外他也主張：「將舞台上所有的東西簡化到極致，唯有演員的呈現才是劇場裡最重要的部分。演員藉由肢體和台下的觀眾直接交流，所以必須將舞台上的燈光、音效、布景、道具等外在劇場元素的重要性削減到最低，甚至連劇場都可以拋棄。」這與「無為」的老莊哲學有異曲同工之妙，進而讓我衍生出「無為而笑」的哲學。

☺貧窮劇場理論給笑笑功的啟發

「純潔成長列車」剛開始，是以肢體、聲音、潛能開發的課程為主；後來慢慢發展出的這一套「笑笑功」動作，主張將每

個人的身體視為一座劇場,每個人都可以是最主要的演員和劇場裡最重要的部分,「透過最簡單的笑:自然伸展、呵欠的表演動作,進行身體修行的訓練,進而幫助一個人覺醒、了解自己。」

對我而言,笑笑功不僅可以作為治療的最佳輔助方法,也是生活上自我修行的檢驗。每次練完笑笑功,除了大汗淋漓、身體舒暢無比之外,心靈也能感到格外平靜、不易怒。

在進行笑的練習時,有時我會鼓勵大家回想小時候種種自然動作來「演」笑,然後透過笑笑功的「伸筋,輾氣,歇喘」而得到放鬆,進而發出笑聲。據我的觀察,這個方法對那些不太會笑或不太相信笑的人,是滿有效的催化劑。但是,如果你可以自然而然起笑或相信「笑果」,那麼就讓我們直接抬起雙手、張嘴大笑吧!

「笑笑功」的由來

很多人都認為，「笑笑功」這個名稱很特別。在國際上，笑笑功的正式英文名稱是Laughing Qigong，按照字面應該譯為「笑氣功」，不過二〇〇四年之後，在台灣的中文名稱正式改為「笑笑功」。

☺「笑笑功」原本是個美麗的意外

從「笑氣功」到「笑笑功」，其實是個意外。

二〇〇四年五月，有家平面媒體刊出一篇報導，以「純潔衛生紙老闆，自創笑笑功」為標題。那名記者以「笑笑功」代替「笑氣功」，這是第一次出現「笑笑功」這個字眼。

雖然原本是個意外，但我覺得「笑笑功」的確比「笑氣功」更好，從字面上就能貼切表達我笑笑人生的價值觀，於是就此改稱「笑笑功」。

隨後，台灣大學幾位學者，如鑽研心理衛生的張玨副教授、擅長針灸經絡的林仁壽教授和關心身心發展的劉麗飛教授等人組成一支笑的科學研究團隊，赴紐西蘭參加世界心理衛生聯盟年會，在發表報告時即以笑笑功為示範。隔年（二〇〇五年）原班人馬再度遠赴埃及首都開羅參加世界心理衛生聯盟的年會，並以工作坊形式正式向國際學界介紹由台灣自創的「笑笑功」。之後連續兩年，笑笑功也都在世界心理衛生聯盟年會上進行示範表

演。

　　「笑笑功」把兩個「笑」字疊在一起，第一個「笑」是名詞，第二個「笑」是動詞，意思是不僅要認知，還要行動。曾有人說我笑起來的樣子孟浪瘋癲、不計形象，尤其是吸氣雙手往上抬，手、嘴完全張開，瞪大眼猛喊「我受夠了」的狂笑，總讓路過的人誤以為是瘋子。不過只要你能夠不以為意，認清此「笑」非彼「肖」，那麼練習「笑笑功」絕非難事。

氣功與笑的結合

常常有人問我什麼是「笑笑功」？簡而言之，就是「笑中有炁，炁中有笑」。

然而，什麼是「炁」？炁，讀作ㄑ一ˋ，意思同「氣」，是「氣」的俗字。從「氣」與「炁」中，可以發現中國字真的很有意思。我偏愛「炁」這個寫法，因為上无下火的字形，又有無火之氣的含意，不同於一般烈火的燥氣，能在身體內部器官裡運行，而不會傷害到任何器官，所以又稱為「真氣」。中國功夫中所謂練氣，就是練真氣，即是練炁。

在練氣的同時也進行大笑動作，這就是「笑笑功」。融合了笑與氣功的功法，即是「笑中有炁，炁中有笑」，目的在以歡笑的態度啟動新生命。

☺練笑笑功不必背穴位

那麼，如果要練氣功，是不是得先把全身的經脈穴位全部背起來，才能懂得運氣？其實並沒有這麼複雜。

練氣分為兩大派，一是道家氣功，講究大小周天的運行，對穴位運用得較多；二是佛家氣功，講究渾元功，只意守丹田（丹田大致位在肚臍下方三根手指頭處），不講究氣走什麼經絡，所以基本不須記憶穴位。而笑笑功的練氣就是以後者為主，不但適合共修，也可以自學。

中國古老的導引動功類，如五禽戲、八段錦、太極拳等，同樣不講究意守，不講究氣走經絡穴位，又寓靜於動，既不容易出差錯，還有很好的健身強智作用。如果練功時搭配「笑笑功」的功法，更容易使身心放鬆、心情喜悅，「笑」果也更好。

☺以「笑」練「氣」的笑笑功

氣功的確對人體有莫大助益。一九九四年，當時台灣大學電機系教授李嗣涔博士在《歷史月刊》發表了一篇題目為〈氣功的科學觀〉的研究報告：「氣功鍛鍊能幫助放鬆、消除緊張狀態；能疏通經絡、調和氣血；能提高神經系統協調能力和身體新陳代謝的速率，將多出的能量用作補修身體，抵抗疾病；能按摩內臟、改善消化及吸收的能力，增加營養之傳送及循環能力，達到防病治病、健康長壽的目的。」

二〇〇三年，林孝宗教授進一步提出「氣功養生治病」的研究：「練氣功可提升內氣系統的運作效率，增加氣血的供應，增進生理器官的活性，強化免疫力與自癒功能，因而能有效改善體質、治療各種疾病。」

也因為練氣功對人體有這麼多好處，自古就是一種值得推廣的預防保健療法。至於練氣的方式呢？「笑笑功」主張以「笑」練「氣」，基本理念就是透過氣功的手法，鬆軟身體的經絡，並運用呼吸吐納，融入各種修練、治療及戲劇，學習以大笑將氧氣送到丹田，然後藉由丹田震動來按摩臟腑。而有了氧氣，便能活化細胞，讓身體更健康，達到保健效果。

笑笑功的三個階段、五大特色

　　「笑笑功」是什麼？一言以蔽之，就是前面提過的「笑中有炁，炁中有笑」；而比較具體清楚的說明，可以歸納出三個階段、五大特色。

☺第一階段：開懷大笑

特色一：開身懷／框框放大鍛鍊

　　身體的開懷是練功的第一步。透過一連串的暖身、開懷動作，使人眼觀四面、耳聽八方、心胸寬廣、度量能撐船、表達清楚、身心一致，讓緊繃的神經與經絡適度鬆開，無形的束縛也透過開懷而釋放，壓力自然消失，身體也達到「鬆」的狀態。

　　何謂壓力？根據物理學觀點，垂直作用在物體表面上的力叫作壓力，所以受力面積越小，承受的壓力越大；若受力面積放大，壓力自然會變小。現代人無時無刻都會有壓力，單從抒解的概念著手，常常會徒勞無功；若從放大框框這方面來鍛鍊，擴展自我壓力的承受面積，自然對壓力的感受度就會變小。

特色二：開心懷／情緒轉化鍛鍊

　　轉化負面情緒為能量，將垃圾變黃金。

　　「化悲憤為力量」大家耳熟能詳，所謂「悲憤」屬於負面情緒，一般人多認為負面情緒是不好的，需要發洩，然而單純的發

洩卻無法真正解決問題，負面情緒依然會在任何時刻產生，怎麼都發洩不完。但若能了解任何情緒的本質其實都是一種「能量與資源」，而不是垃圾，只要經過資源回收、轉化的情緒垃圾，就是身體最好的有機肥料。

情緒經過轉化後，心情會豁然開朗，讓你更輕鬆的面對每天的生活；負面情緒得以轉化而增添更多正向能量，將有助於開始新生命。

特色三：開靈懷／我執放下鍛鍊

若能放下自我意念與形象的束縛，沒有對錯、沒有好壞、不管形象、回到童年、反璞歸真，就容易體會笑笑功的真諦。

剛開始練習笑笑功的人常會擔心別人怎麼看待自己，覺得不好意思，甚至有些退卻，這都是很正常的現象。只要願意多嘗試幾次，就會發現一直批評你的人是自己，是自我內在的執著使然，因為這些自己建構出來的擔憂，使得自己習慣用負面想法來看待自己、看待別人，就容易產生煩惱。

笑笑功最終目的不僅希望能讓身體健康，更希望讓人擺脫束縛，體驗喜悅與自在，重新找回對生命的尊重，人生路就能走得更寬廣、更輕鬆。

☺第二階段：滿心歡笑

特色四：置之死地而後生

將海綿或毛巾擰得很乾之後，再放入水中，當海綿或毛巾鬆開的瞬間，吸水性超強。同樣的，呼吸時把氣吐到不能再吐，然

後瞬間鬆開，就可得到大量的氧氣；而在大量氧氣進入身體的同時，會咳嗽、咳痰、排汗、打呵欠、流眼淚、流鼻涕，這些都是排毒現象。

許多人覺得這樣子很噁心、很不雅，事實上人體本來就擁有自癒的能力，只是社會文明覆蓋了它，使得這個機轉變弱、變模糊，甚至把這項能力給忘了。而細胞一旦獲得充足的氧氣，彷彿就在人的體內笑著、跳著，開始活絡，產生恩多芬（即腦內啡），此時體內細胞就會活化、圓融、飽滿，身體會越來越健康。

☺第三階段：身心喜悅

特色五：笑笑人生樂逍遙

笑笑功的目的是要讓每個人的生活態度及生活習慣反璞歸真、回歸自然，並學習自然法則──自愛人愛，自愛愛人；自信人信，自信信人。希望你對周遭一切充滿好奇與興趣，勇敢嘗試不一樣的生活態度。

笑笑功也尊重每個人都是自己的主人，自己可以決定一切、自己負責任，提高每個人的自我價值感與自尊，同時將蘊藏於自身的正向潛能發揮出來。

對初學者而言，馬上可以收到初步效果。當你學會以歡笑的態度面對一切，就像將笑的砂糖融入水中，生命會充滿歡笑的甜味。讓我們從現在開始將笑融入生活中，讓說話中有笑、工作中有笑、走路中有笑、讀書中有笑、生氣中有笑、恐懼中有笑、煩惱中有笑，過一個樂逍遙的笑笑人生。

笑笑功練習（一）：
八式基本功法

　　近年來，國內許多醫院嘗試將笑笑功當作輔助療法，例如台大醫院精神科病房每週有固定的笑笑功課程，並將笑笑功的部分動作設計為病房的晨間操；三軍總醫院內湖院區每週一中午也有笑笑功課程，開放給病人和員工參加。

　　笑笑功和愛笑瑜珈相同之處，都是和團體一起練習最好，但如果你覺得莫名其妙的大笑會讓你很彆扭、很不自在，想要先一個人在家自學也可以，只要熟記以下的八式基本功法就行了。

☺起笑之前的暖身運動

　　這是伸展運動。先以打大呵欠的方式，好像伸懶腰一樣，讓自己全身伸展、放鬆，並且要張開嘴巴，發出類似「啊」的聲音。這個動作的目的是要「開懷」。可反覆進行多次。

　　動作：將雙手垂放在腹部，做出捧花狀。然後慢慢往上舉，雙手掌心向外，手背貼在一起，不斷往上伸展，並張口發出打呵欠的聲音，接著雙手大大的往外畫圓伸懶腰。如此重複數次，之後開始進入大笑。

☺笑笑功的八式基本功法

第一式：哈哈起式，放輕鬆

1. 輕鬆自然站立。

2. 雙手舉至胸前，開始準備吐氣。

3. 雙手自然往下甩，同時「哈」出氣。

4. 繼續「哈、哈、哈」的吐氣，直到不能再叶。

第二式：伸展乾坤，筋骨舒

1. 雙手手指交叉，掌心向上，放在小腹前。
2. 將交叉的雙手上舉至胸前。

1

2

3. 雙手再舉到下巴位置，並變成交握狀。
4. 交握的雙手向外翻，掌心變成朝向前方。

3

4

5. 接著把交叉的雙手翻到頭頂，掌心朝上。

6. 雙手依然交叉，往上伸展。

7. 身體向右彎，盡量伸展，感覺身體的左側邊筋絡有被延展到，而不是只有手拉直。

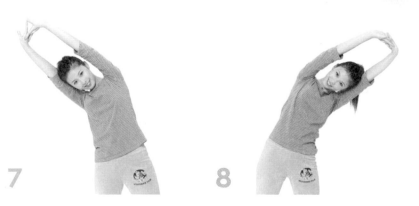

8. 身體向左彎，同樣要盡量伸展。

9. 身體回正，回到步驟6手交叉、往上伸直的狀態。

10. 交叉的手指放開。

11. 雙手以畫圓的方式放下。

12. 雙手自然下垂，呈現伸展過後的放鬆狀態。

第三式：源源不竭，腰腎強

1. 輕鬆站立，吸氣，雙手上抬，掌心慢慢向外翻。
2. 轉手，將雙手收到腰部，並發出「嗚」的長音。

1

2

3. 雙手握拳，慢慢蹲下，繼續發出「嗚」的聲音。
4. 再繼續往下蹲，還是發出「嗚」的聲音。

3

4

5. 由半蹲狀態站起，雙手伸向前，五指張開，嘴張大，喊出「哇」。

5

第四式：遍灑迎香，氣力增

1. 瞪大眼、大口呼氣，雙手握拳放在胸前。
2. 大聲說出「我受夠了」，然後瞪大眼再喊一次「我受夠了」。

3. 將原本握拳放在胸前的雙手拉回腹部，下蹲，身體扭動。
4. 繼續讓情緒能量在全身扭動，目的在轉化情緒。

5. 雙手手指打開，往上舉，並大聲「哈、哈、哈」。

5

第五式：花開獻果，笑迎人

1. 雙手擺腹部，指尖相對，掌心向下。
2. 右手臂往上抬，臀部也略往右移動，重心放在右腳。

3. 左手臂往上抬，臀部也略往左移動，重心移到左腳。
4. 身體回正，半蹲。

5. 往上蹬，翻掌，變成掌心向上、指背相對。

6. 雙手上舉至胸前。

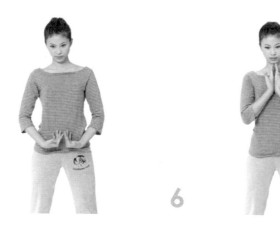

7. 手肘往上抬，翻掌，變成兩手拳頭相對。

8. 繼續翻掌，掌心向外，打開指頭，並「哈、哈、哈」笑出
   來。

9. 雙手手肘放下來，翻掌，兩手手背相對，放在胸前。

9

10. 雙手向上舉。

11. 手伸展到頂時翻掌向外。

12. 雙手往外撐開,再撐開,盡量伸展。

13. 手以畫圓的方式自然垂下,呈現放鬆狀態。

第六式：滿山滿谷，心寬廣

1. 半蹲，手背相對。
2. 雙手向上舉過頭頂。

1

2

3. 手掌翻轉，掌心向外。
4. 雙手向外撐開，同時發出「哇」的聲音，全身盡量伸展。

3

4

5. 手放下，呈現放鬆狀態。

5

第七式：開懷暢笑，身歡喜

1. 輕鬆自然站立，雙手擺在胸側。
2. 一聲「哈」，雙手開始往外伸。
3. 拉長「哈」，雙手繼續往外伸。

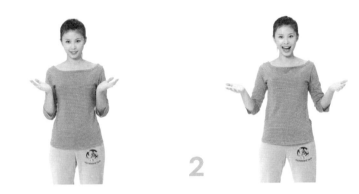

4. 「哈」繼續拉長，雙手也繼續往外伸展，然後「哈、哈、哈……」笑開來。

5. 繼續笑，笑到坐在地上。

6. 笑得搥胸頓足。

7. 哈哈哈，太好笑了！

8. 不管形象，瘋狂大笑（可以笑到滿地翻滾）。

第八式：歡喜收功，百慮消

1. 輕鬆自然站立，雙手打開。
2. 拍手喊「哈」。多拍幾下。

1

2

3. 雙手往上舉。
4. 手向外打開，高興得跳起來。

3

4

5. 雙手在胸前搓揉、搓熱。

6. 以掌心搗眼睛。

7. 手掌往兩鬢移動，以掌心揉過臉部，然後覆蓋到耳朵，搓熱。

8. 雙手放在頭頂上，往下梳梳頭，梳梳頸部、喉嚨、胸口。

9. 用右手按撫左手。從肩膀開始，沿著左手臂，按到手背
　　（然後左右手動作反過來做一次）。

10. 按撫背部、腰部、臀部。

11. 按撫大腿外側。

12. 按撫大腿內側。

13. 按撫腹部。

14. 回到輕鬆站立狀態，身心喜悅。

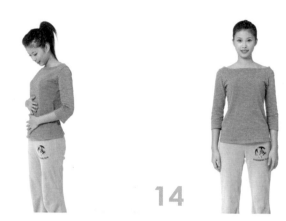

13   14

　　這一套笑笑功，從暖身到八式功法的練習，一氣呵成，完整
演練所需的時間約為一個小時。每個招式看似簡單，其實都融入
笑笑功在人的身體與心靈層次的基本理念。大體而言，在身體的
層次上比較著重呼吸、伸展與放鬆的訓練，練習時如果一式一式
逐步慢慢演練，不躁進、不跳躍，效果更佳。

　　如果沒有這麼長的時間，一次花十分鐘，只練習其中的兩、
三式，針對身體特別疲累的地方加強訓練，亦能達到鍛鍊身體、
開心快樂的效果。

笑笑功練習（二）：
菁華簡易式

完整的一套笑笑功有八式功法，對上班族而言，如果想在休息時間練習，通常很難安排出一到一個半小時，把整套功法完整練過一次。

如果你也有上述困擾，那麼就先從以下這招簡易式入門。這是將笑笑功的八式基本功濃縮、萃取菁華後再簡化的功法，僅有一招，口訣非常簡單：「伸筋，輾氣，歇喘」，每次花不到三分鐘，馬上可以讓你神清氣爽、不腰酸背痛，而且不限場地，站起來馬上就可以做，非常適合久坐在辦公桌前的人。不相信？現在就馬上站起來試試。

1. 雙手下垂，十指交扣，掌心朝上。
2. 手臂帶動雙手上提到頭部上方，手掌翻過來朝上，往無窮的上方推進。

3. 伸展到最高點時，雙手分開。
4. 雙手在最高點分開的剎那，大聲「哈、哈、哈、哈、哈」的笑出來，雙手則同時慢慢向左右兩邊伸展，再以畫圓的方式放鬆下來。

怎麼樣，是不是和暖身時做的伸展運動很像？沒錯，這招簡易的「伸筋，輾氣，歇喘」就是從伸展而來的靈感。

其實伸懶腰是人的反射動作，每個人剛睡醒的第一個動作就是先伸懶腰，準備開始新的一天。動物也是如此，非洲大草原的獅子剛睡醒時也是先伸伸懶腰、甩甩頭，然後站起來覓食。而最後那個笑的動作，是要把心中的氣透過笑哈出來，重新開始。

這招結合了笑和伸展的笑笑功菁華簡易式，隨時隨地都可以練習，而且不耗時，對工作忙碌的現代上班族再適合不過。如果能變成全民運動，對提升國民健康、預防保健，也是好處多多。

如果可以同時配合笑笑呼吸法 —— 先大口吐氣，直到吐盡為止，然後瞬間大口吸氣 —— 會讓大量氧氣進入身體細胞，為身體除舊布新，通體舒暢，心靈會更加愉快。

俗話說：「一招半式闖江湖。」練功也是如此。過多招式的功法，可能會讓初學者失去信心；而簡單的一招「伸筋，輾氣，歇喘」，只要像做運動一樣勤於練習，每天早、中、晚多做幾次，一樣可以擁有逍遙的笑笑人生。

哈哈頌

除了我開發的笑笑功，台大名譽教授林仁壽也自創了一套「哈哈頌」，這也是只有一招的簡易笑氣功，同樣強調簡單易學。動作如下：

1. 先選擇一首自己熟悉的歌曲，例如生日快樂歌，然後以哈的方式來唱這首歌。由低唱、開懷大唱，再回到低唱，大概唱五次。需時五到十分鐘。

2. 若是團體一起練習，可以邊哈邊唱，再加上拍手的手舞足蹈動作，自拍或互拍均可。也可採帶動唱的方式進行。這是要加強團體以「氣」共鳴的效果。

3. 可改唱其他歌曲，一樣是哈唱，團體成員輪流帶，以增加新鮮感。

4. 亦可改用默唱（即無聲但有表情與動作的唱法）來進行。

笑友見證：笑笑功的驚人力量

從前身「純潔成長列車」到現在，笑笑功在台灣發展已足足十七年，接觸過的案例和故事其實非常多。以下的四個案例相當特別，因為笑笑功不但幫助他們改善健康，家庭和人生也因此改變，目前他們還是繼續勤練笑笑功。

案例1

傅清真，女，一九二三年生，重度憂鬱、十二指腸潰瘍、鼻炎、心律不整等多重病症患者

我今年八十六歲了，不但身體健康、行動自如、腦筋清楚，還有活力到癌友新生命協會擔任志工。協會裡的人都稱呼我「梅奶奶」，他們最常問我的問題是：「你的保養祕方是什麼？為什麼可以那麼有活力？」其實，我就是勤練笑笑功而已。

練習笑笑功之前的我，曾經因為坐骨神經痛到必須坐輪椅，加上另一半突然過世，一度無法承受打擊而想放棄生命。不過，這一切都在我接觸笑笑功之後逐漸遠離。

我和先生兩人從大陸撤離到台灣來時，一路吃了很多苦，所以年輕時身體並不是很好。晚年和先生兩人剛開始過退休生活，我的身體狀況也是一直不太好，有坐骨神經痛的毛病，時常痛到無法走路，所以有好長一段時間都是由先生負責照顧我的生活起居。

我和先生從年輕時感情就非常好，我也一直很依賴他。但在二〇〇一年初，我先生因為便祕到醫院接受灌腸，這本是個沒有危險性的小手術，但他卻在手術過程中不小心著涼。原本身體非常硬朗的他，竟然就這樣一病不起，短短九天就撒手人寰。

我根本不能接受這個意外，因為長期生病的人是我，從不生病的他怎麼會先離我而去？事情剛發生時，我簡直生不如死，每天吃不下、睡不著，也不想繼續接受坐骨神經的治療，一心只想陪先生去死。就這樣，我的體重一下子從六十七公斤掉到五十公斤，加上傷心過度、作息不正常，十二指腸潰瘍、鼻炎、心律不整、骨質疏鬆等老人病也逐漸浮現。那時我七十八歲。

後來，孫子看我這樣下去，實在不放心，於是要我主動打電話給朋友，或者請他們多來家裡聊聊天。有天，一位朋友因為剛加入癌友新生命協會，於是也帶我一起去參加協會的聚會，那天剛好高瑞協老師的笑笑功在那裡開課。我一到那兒就非常喜歡，也和大家一起上課，上完課之後還分享自己的故事。我是年紀最大的成員，但沒有人覺得我是累贅。

剛開始我不太會笑，每次分享時都會哭，後來才慢慢不再邊哭邊和大家分享我的故事，同時也能笑開懷，不再愁眉苦臉，然後也吃得下東西了。

現在的我是一個健康的老人，除了預防骨質疏鬆症的鈣片之外，我沒有吃其他藥物。將近八年來，我持之以恆的練習笑，每次上課我都從開懷開始，一直練到眼淚飆出來的暢笑，從不顧忌自己的形象。

笑不僅讓我獲得健康，也開拓了我的視野。因為笑，我遊遍了紐西蘭、埃及、菲律賓、加拿大，代表台灣示範笑笑功。我從

沒想到,在我這樣的高齡還能有這樣的境遇,可以到世界各國趴趴走,這都是笑笑功帶給我的驚喜。

案例2

陳麗琇,女,一九五一年生,乳癌第二期患者

我在二〇〇一年初發現罹癌,二〇〇一年七月中旬結束療程,二〇〇三年因為復發的陰影籠罩,迸出一股「為自己的生命找出口」的力量,透過一位癌友的介紹,來到癌友新生命協會,因而接觸笑笑功。

記得二〇〇三年六月第一次接觸笑笑功時,我實在不能接受這樣的課程。老師一直叫我笑出來,但當時我的心一直在哭泣,實在笑不出來啊,所以第二堂課我就缺席了。

過了一個半月,心想不妨再試試吧,於是又到協會上課。那時我發現高老師帶領笑笑功的方法改變了,他會先帶著大家暖身,再進入笑,這樣我比較可以接受。然後就在大笑中,我的聲量開發出來了,奠定我大聲唱歌的信心。

那時剛好有個新來的成員也有笑不出來的問題,她突然問老師:「笑不出來,一直想要哭,怎麼辦?」想不到老師說:「那你就哭吧!」我突然發覺,原來「笑笑功」也可以哭出來!我藉機把心中的痛苦用哭聲表達出來,還沒真的落淚,就已經感覺舒服多了。於是我決定留下來,藉著笑來慢慢改變自己。

歷經五年多,現在的我已經安全度過癌症患者前五年的好發危險期。我也慢慢可以和別人一樣笑出來,敢在大家面前表達自己的意見、肯定自己的想法,不會因為別人一句批評就輕易退縮

或自我否定，不管被罵三八或神經病都沒關係，也能安然接受，因為先接受自己的缺點才能修正，這是練習「笑笑功」的體悟。

我壓抑已久的痛苦在練習笑笑功的過程中一點一滴的釋放，身體放鬆、心也開了，又或者是心先開了，身體也跟著鬆了。

案例3
周美燕，女，一九五六年生，因工作壓力而身體僵硬緊繃

我練習笑笑功才三個月，家人就已經感受到我的改變，家庭關係也變得和諧。

我是一個平凡的家庭主婦，先生開了一家小小的機車修理店，我則經營早餐店，還要照顧家裡，每天忙得不可開交，從沒有時間和機會去外面參加活動，凡事以家為主。但是我先生和兩個小孩卻是各過各的生活，四個人住在同一個屋簷下，彼此交談的機會卻少之又少，家裡氣氛冷冰冰，尤其我先生和小孩之間更是無法溝通。

今年初，我突然覺得身體不舒服、凡事都提不起勁，體重一直增加，但去醫院檢查，又沒有什麼問題。醫生建議我應該出去動一動，因為我長期疲累，導致身體太僵硬。我想起之前曾在社區公園和鄰居一起上過笑笑功的課，印象中是滿好玩的，但當時因為早餐店的生意太忙，就沒有繼續上課。這次我下定決心要認真上課看看，剛好笑笑功在新莊市民大學新開了課，於是我率先報名參加。

第一次練習時，我就不斷打呵欠、流眼淚、流鼻水，感覺就像乩童在起乩，無法控制自己，真的很不好意思。高老師卻告

訴我這是好現象，表示正在打通身體的筋脈。果然，當天下課之後，我就感到身心無比舒暢。

　　雖然我和我先生都是開門做生意的人，但本性其實都很木訥，不擅和人互動，也無法融入群眾之中。我先生更是寡言，從不和客人寒暄，也不懂得笑臉迎人，了解他的人覺得他很酷，不了解的人覺得這個老闆架子很大。結婚幾十年來，對於先生的「酷」樣，我也不想理會，反正他不說話，我也不說話，各過各的。

　　開始接觸笑笑功之後，我的身心越來越輕鬆、快樂，想法也改變了，想用更有智慧的方法跟我先生相處。現在的我看到他又擺臭臉給客人看，會笑著說：「老闆，你今天很跩、架子很大喔！有什麼事嗎？」先生聽到我這樣問他之後也笑開了，那個感覺很棒。

　　和小孩的溝通也一樣。以前我總以忙為藉口，很少去傾聽孩子的想法，總是直接下命令。現在，我對教育孩子的觀點也改變了，學會先聽聽孩子要說些什麼再做決定。當先生抱怨孩子時，我也開導他：「不要只怪小孩，也要問問自己對他們的了解有多少。」

　　練習笑笑功之後，不僅我改變了，我的家庭關係也因為我而慢慢改變。以前的我總以「我」為中心，太多的「我」壓得我身心俱疲；現在，我身體鬆了，心也就開了，看事情的角度大不相同。例如以前我覺得假日到外面吃飯太花錢了，但現在的我觀念一轉：「好啊！不用洗碗，多好！」孩子開心，我也不會太累，最重要的是家人之間有了溝通的機會。這是笑笑功帶給我的無形影響。

案例4

林玉華，女，一九六二年生，家有心臟病童的開心媽媽

　　我開始接觸笑笑功的緣分很特別。記得是一九九九年時，我因為接受高瑞協老師主持的電台節目訪問，第一次知道有笑笑功，當下覺得太神奇。基於好奇心，下了節目之後，我就向高老師表達想練習笑笑功的意願。沒想到接觸之後不可自拔，越來越投入，甚至辭掉中華民國關懷心臟病童協會副祕書長的工作，專心投入推廣笑笑功至今，一晃眼已近十年。

　　因為女兒小時候有先天性心臟病，為了女兒，我很積極投入各種相關活動，陸續推動成立中華民國關懷心臟病童協會的「開心媽媽」。接觸笑笑功之後，我發現笑笑功可以轉換負面情緒，不僅可以幫助自己，造福的對象也更多，不再限於跟我有同樣困擾的媽媽而已。

　　但要這麼沒形象的大笑，剛開始真的很困難。從小我學會的觀念是大庭廣眾之下「不能失控」，所以一開始在笑笑功活動中，我扮演的角色多半是DJ、場控或燈光，有時是種子老師，有時則是其中一分子，但並沒有太用心練習。

　　直到在一場大約有上百人的活動中，看到有些參與的人讓滿腹的情緒爆發出來，或憤怒，或痛哭流涕，根本無視他人的存在。接著又在大笑、狂笑、開懷暢笑中漸漸平復情緒，臉部變亮、表情線條也柔和了，然後大家各自帶著喜悅的心情回家，與上課前判若兩人。剎那間，我感動不已。

　　我心想，能夠玩在裡頭的人好幸福，情緒來了有人照顧，

真好。我決定放開所有矜持。想開了之後，我在下一回上課時終
於突破矜持、大叫出來。一開始聲音不大，因為我怕被笑、怕丟
臉，但感覺到一絲舒暢。於是我開始期待再下一回的上課。

　　這回我更熟練的叫，試著將我的憤怒、悲傷、不滿用吼叫的
方式表達出來，甚至嚎啕大哭。我發現這時我全然的陪伴自己，
我在愛自己，在太陽神經叢的位置，我感覺內在的自己獲得伸
展、茁壯，變得有力量，也變得比較有自信，好幸福的感覺。就
這樣一回一回的練習，我可以笑得越來越大聲，越來越自在，也
越來越快樂。我愛上了「笑笑功」。

　　我知道我的大笑、狂笑、暢笑都只是個工具，是個管道和出
口，其實它或許是憤怒、悲傷或憂愁，但經由這樣的方式轉化成
喜悅的心情。

　　現在女兒長大了，先天性心臟病也自然痊癒了。而透過笑笑
功，我實踐了幫助更多人的想法，因為笑笑功不僅到校園、醫院
推廣，也進入監獄、感化院，甚至到聯合國的國際婦女高峰論壇
帶領笑笑功工作坊，幫助更多人獲得身心的健康和平靜。

　　身為笑笑功推廣老師，我時常跟大家分享我的領悟：凡事以
輕鬆的心靈態度、以不同的角度看待，會發現生命有很多不同面
向；若偶爾忘記，喘一口氣，調整一下呼吸，提醒自己笑一下，
會發現原來生命有無限的可能。

4. 戲劇遊戲體驗：
讓人找回笑聲

歐耶

從一個在自殺邊緣徘徊的台大生說起

　　我在擔任成人教育訓練與情緒管理抒壓講師之前，長期在台北縣市的國、高中與大學擔任戲劇社團指導老師，也當過補教業老師、配音員，以及在學生教育訓練界擔任潛能激發講師；大學主修經濟，輔修企管，研究所念的則是台大醫療機構管理研究所。每個人都說我的學經歷很特別，也很好奇為什麼我立志要當個抒壓講師。在我告訴大家原因之前，請先讓我講一個真實故事，一個在自殺邊緣徘徊的台大生的故事。

☺難忘的一個輔導諮商個案

　　二〇〇五年三月，專門處理學生心理問題的台大心理諮詢中心跑來了一個男研究生，一進來就哭不停，情緒激動的吵著要自殺，不管是輔導老師、主任勸他都沒用，他堅持要找一位男性諮商師面談。於是校方緊急連絡了一位叫作柯書林的諮商師來處理。

　　柯老師回憶，剛進諮商會談室時，看到那個學生面色鐵青，抱著自己不斷發抖，於是老師面無表情的看著他說：「說吧，怎麼了？」那學生看了看四周，確定自己是安全的，接著開始向老師咆哮出二十幾年來他所承受的家庭、朋友、感情、學校種種壓力，以及如何無法繼續按照別人的眼光與要求活下去等等。

　　「我們台大的學生很多都是這樣，從小成績不錯，受人肯定

與注視慣了，到最後要出社會反而承受不了壓力，不是都走別人要他走的路，就是無法承受失敗的挫折。」柯老師講到這個案時這麼對我說。

☺非常不「專業」的諮商師

　　那學生叨叨絮絮抱怨了半天，卻看到老師不耐煩的看了一下手錶，於是發了脾氣：「你這是什麼態度啊？我找你諮商耶，你是老師怎麼可以這麼不耐煩？」沒想到老師冷冷的回答：「我本來還有個案在處理，因為你而臨時被調過來。現在你已經講了二十分鐘了，我接下來還有個案。我告訴你，我不可能在接下來的十分鐘聽你說完你這一生至今所有的苦，所以請你直接告訴我，你希望我幫你些什麼？」聽完後，那學生火冒三丈，憤怒的說：「哪有像你這樣的諮商師？我當然是希望跟你談完後，一走出門就可以讓我想起人生有多美好，有繼續笑著活下去的力量啊！電視上不是都這樣演的？不然誰想來心理輔導室這種鬼地方啊？」

　　「你要求的這點我做不到。如果你堅持，我可以幫你找其他更專業的老師。」那學生壓根兒想像不到這位老師會這麼跟他說，還以為他聽錯了。

　　「搞什麼！？你沒辦法幫我解決問題，還當什麼老師啊？」那學生激動得一副想立刻跟校方投訴這老師態度輕蔑的樣子。

　　「沒有人可以幫任何人解決他自己的問題。每個人都有他一輩子的問題，你有，我也有，我的專業最多只能幫你找到它、認識它、承認它，然後跟你一起看看能不能跟這個問題共存下去，

就這樣。而且這要花時間，至少得三個月。還有，即使你很願意跟我配合，每週都來，我也不能保證會有好結果。」老師的回應竟是如此。

「什麼！？那我要你幹麼呀！你不怕我一出門就去自殺？」那學生已經無法控制自己的情緒，大聲咆哮著。

「只要你不在這裡死，就不是我的責任了。你會來這裡，表示你還不想死。況且出了諮商室的門，不管你是選擇自殺，還是選擇下禮拜三早上繼續來，都是你自己的決定，身為諮商老師，我都支持。」剛剛還想打老師的學生頓時說不出話來，雖然覺得很生氣，但老師的這番話竟有股莫名的說服力。

「你的時間到了，希望下禮拜還見得到你。對了，我曉得你不想讓家人知道，但如果你下禮拜沒來，我們會打電話到你家裡去問；如果你真的自殺了，我會去上香。慢走。」這個以為可以在諮商室立刻找到心靈安慰的台大研究生，就這樣抱著不可置信的心情，忽忽離開了諮商室。我聽到這裡，不禁嘖嘖稱奇於柯老師獨特的風格與諮商方式，佩服不已。

猜猜看，接下來那個禮拜三，那個學生有回到諮商室嗎？哈哈，如果他沒去，而且真的去自殺，我看柯老師也會上報紙頭條了。你猜得沒錯，那學生不但乖乖去了，還一直進行心理諮商，持續將近九個月。

那段時間，那學生不斷的向柯老師抱怨現況。漸漸的，透過老師的發問、給功課，他不斷向內探索、思考自己是怎樣的一個人，重新認識了自己，找到自己的問題。「找到問題時都是痛苦的，諮商過了初期後很多人想放棄，都是因為無法面對並承認自己的不完美，而且覺察到那問題似乎解決不了，他們無法承受失

敗，於是選擇繼續逃避。」柯老師淺淺的說著。

　　然而這個個案的特別之處，是那個學生不僅透過諮商過程找回生命的意義，並開始學著跟自己一輩子的問題相處；更重要的是，他影響了柯老師。

☺心理諮商師也需要笑的力量

　　諮商持續了快一年，那個學生一直有個問題想問老師：「我現在可以笑著面對所有挑戰了，為什麼我還不能結案呢？」但想想既然老師沒有主動說，八成是自己還有功課要做、還有事情需要去思考並找到答案，於是他遲遲不敢問老師。直到有一天（柯老師說他記得很清楚，那是二〇〇六年一月四日），同樣是個星期三的早上，當他趕到諮商室時，那學生已經在那裡等他了。

　　柯老師一坐下，那學生就以興奮卻堅定的語氣對他說：「老師，我想我可以結案了！」柯老師愣了一下，問他為什麼。那學生說：「元旦那天，我做了個全世界都不會支持我的決定，不管是我最在乎的家人、女友，還是朋友、同學，甚至是老師你，都不會支持的事。但是我決定之後卻很開心、很快樂，這幾天即使大家都批評我、指責我，我卻覺得很自在，因為我終於有勇氣承認自己、面對自己，不在乎大家的眼光，第一次自己做出決定。那就是——我念了四年、剩下一個月不到就可以畢業的台大碩士學位，我不要了！我不要再強迫自己寫論文、做我不想做的事了。今後我要勇敢的做自己。而我……我好喜歡這幾天的自己。」

　　柯老師沉默了半晌，最後緩緩的說：「首先，我要跟你說

聲對不起。因為以我的專業判斷，你應該早就可以結案了。但最近這幾個月，你每個禮拜三都能告訴我許多你對生命的新感動，也可以自己跟自己對話，真誠的面對不完美的自己，甚至你許多的感觸與故事都帶給我正面力量。你有沒有發現我這幾個月說的話、問的問題越來越少了，因為我在享受你跟我說的每件事、每個感動與每個小啟示對你生命的意義，它給我力量，讓我可以撐下去、繼續輔導別人。你知道嗎？每個諮商師背後都需要一個諮商師。我發覺是我捨不得你，我需要聽你說話，這一點有違我的專業。我其實可以早點讓你結案的，所以我想跟你說聲抱歉。」那學生靜靜的聽著。

「其次，即便我覺得你應該可以結案了，但依我的判斷與直覺，我總覺得似乎還少了什麼，就像是臨門一腳。直到今天你開口對我說了第一句話，我知道那就是我在等的──你已經不再害怕，而且能勇敢的為自己的決定負責了。剛剛聽到你努力了這麼久，卻要放棄碩士學位，連我都想罵你。但你的眼神讓我知道連我也影響不了你，你已經知道自己要的是什麼，我想我可以放心讓你走出諮商室了。」聽到這兒，學生的眼淚不禁奪眶而出。

那學生知道結案後，諮商師與個案最好不要有太多往來，以免發生角色衝突，所以他和柯老師兩人又哭又笑的利用最後一次的諮商時間，聊著這九個月來的點點滴滴。從第一天的怒目相向，之後的心情轉折，兩人有時也會為不同觀點爭吵；到如何誠實面對躲不掉的問題，笑著面對自己的缺陷。整個回憶的過程有些感傷、有些不捨。

最後在學生離開前，柯老師問了他一個問題：「我問你，現在不寫論文了，你以後要做什麼？你想好了嗎？這個問題接下

來會有很多人問你喔，而且你會很難說服他們。」那學生想了一下，笑著的對老師說：「我決定要當講師，跟老師一樣，因為我了解到我有種可以感動人、可以帶給人歡樂的能力。我也學到只要活著就有希望、就該笑著跟自己相處。我或許不知道該怎麼開始，接下來也會有很多阻礙，但我相信這是我的使命。我這條命是老師給的，我要把這樣的事繼續下去，用我的快樂與熱情影響更多人，讓他們像我一樣重新找回笑容。」

　柯老師聽了點頭說：「好。那你要答應我，不管你以後教什麼，戲劇也好、團康也罷，有一天你一定要把自己這段諮商的感觸轉化成教學系統，教大家做好情緒管理及壓力抒解，然後勇敢的將你的經歷說給大家聽，因為你的故事可以感動人，可以給大家繼續笑的力量。到了你願意說出來的那天，打電話給我，我們見個面。」

　讀到這兒，你應該可以猜到，那個當年想自殺的學生就是我，這是我為什麼決定教情緒管理與壓力抒解的原因。經過兩年多，我終於有勇氣說出來了。

☺生命的價值與使命

　「如果人生最壞只是死亡，那麼生活裡怎麼會有解決不了的問題？」這是電影《新不了情》裡面那位罹患癌症的女主角的台詞，也是我現在常常拿來提醒自己的話。從鬼門關走回來的我，找到了生命的價值與使命：幫助更多人，讓他們找回快樂、喜歡自己。

　教授激發心靈潛能課程的江又毅老師曾說過：「使命，就

是如何使用你這條命。」我想，我的命是柯老師跟我自己救回來的，不管是為了感恩，還是為了幫助更多人，我決定我未來的命就是這麼使用了。所以不管多累、不管遇到多少阻礙與困難，我都會不斷的將歡笑帶給大家，並且讓大家在大笑之餘感受到自己是獨一無二的，沒有任何人能取代你。你必須接受這樣的自己，不管好的壞的，那都是你自己。

決定了當抒壓講師的未來路之後，我離開了「學生」的學校，前往「成人」的學校——社區大學，立志要開設一個能讓大家找回最單純笑容的課程。而因為我一直熱愛戲劇，所以只想教戲劇，用有趣的方式把表演藝術介紹給成人，讓人在歡笑中達到抒壓的目的，找回情緒的主控權。

然而什麼是有趣的方式呢？在參考各種戲劇教育教材之後，我找到了美國戲劇教育學者瓦德（Winifred Ward）的創作性戲劇和史波琳（Viola Spolin）的劇場遊戲，它們和我堅持「有趣的」戲劇教學概念不謀而合，因此開啟了我創設「戲劇遊戲歡樂抒壓工作坊」的想法。

融合「創作性戲劇」與「劇場遊戲」的抒壓方式

　　兩年前走入社區大學，針對成人、上班族開設「戲劇遊戲歡樂抒壓工作坊」課程後，很多人問我：「什麼是戲劇遊戲？戲劇和劇場又有什麼不同？」

☺運用歐美常用的戲劇教學模式

　　「戲劇遊戲歡樂抒壓工作坊」的課程設計，概念源自瓦德的創作性戲劇，這是目前歐美國家一般學校的戲劇教育體系中常用的教學模式。瓦德和史波琳被視為美國戲劇教育的開拓者，前者推動的創作性戲劇從一九三〇年開始便是全美國戲劇教學的基礎教材，而後者發展出來的各種劇場遊戲和技巧、所出版的《劇場裡的即興表演》和《劇場遊戲指導手冊》，一直是學校教授戲劇的老師重要的參考。

　　根據瓦德對「創作性戲劇」一詞的定義：「創作性戲劇術，係讓兒童在富想像力教師或領導者的導引下，創建出場景或戲劇，以即興式對話與動作表演的一種戲劇教學。它以促進表演者的人格成長為目標，而不是去滿足兒童觀眾。布景與劇裝使用不多。若有必要呈現這種非正式戲劇給觀眾時，一般而言，它應該是一種示範的性質。」

　　瓦德的創作性戲劇多運用在學校與兒童劇場。不過，在「戲

劇遊戲歡樂抒壓工作坊」中，我卻第一個將其概念運用在成人身上。

　　此外，我還採用了史波琳的劇場遊戲作為「戲劇遊戲歡樂抒壓工作坊」的教學技巧。史波琳強調透過戲劇遊戲可以提升兒童與青少年的溝通能力、語言表達力、創造力、專注力及人際發展能力等與群體互動的技能，並認為若在課堂中設計許多遊戲，學生會更喜歡表演課，進而提升教學效果與品質。

☺過程其實比結果更有收穫

　　這兩位戲劇教育前輩對戲劇的看法，與台灣傳統戲劇訓練大大不同。早在六年前，當我還在各國中社團擔任戲劇指導老師時，便一直希望能擺脫台灣傳統戲劇訓練給人的壓力——要求精準、強調呈現結果的完整，以及為了發掘、培育優秀演員而著重表演技巧的訓練。因為從我觀察所得的經驗發現，其實在排練過程與進行戲劇遊戲時，同學的笑聲與創意、各種反應與突如其來的點子反而比最後呈現作品時來得多。排戲過程需要不斷的嘗試與沉澱，其中的點點滴滴、笑聲與感動，我想才是做一齣戲最大的收穫。

　　所以，既然參加社團的學生不是為了成為第一名的演員，而是希望在念書之餘能利用社團時間鬆一口氣，好好感受一下正規科目之外的樂趣，那麼對於這些正處於青春期、富有創造力、充滿好奇與不安的國中生，採用強調過程與人格發展的創作性戲劇教學方式，以及利用有趣的戲劇遊戲作為主要上課內容，無疑是最適合的。

　　同樣的道理，當我到社區大學開課之後，我認為白天工作忙碌的上班族會來上這門課，也不是為了成為頂尖的演員，而是為了歡笑、抒壓，解除累積一週的壓力。就這樣，以創作性戲劇為內容、劇場遊戲為手段、歡樂為本質、抒壓為目的的「戲劇遊戲歡樂抒壓工作坊」課程，就這樣成立了。

「戲劇遊戲歡樂抒壓工作坊」的由來

又是戲劇、又是遊戲、又是歡樂、又是抒壓的，共有十一個字的「戲劇遊戲歡樂抒壓工作坊」常讓許多人唸得舌頭打結，並好奇這名字到底是怎麼來的。背後當然有一段故事。

☺大人要先放鬆，小孩才能開心

三年前某天，我在整理自己多年來擔任戲劇社團指導老師的教學照片時發現一件事：照片中的學生，從國小、國中、高中，甚至大學，在上創意思考、情緒抒解、戲劇表演、口語表達等課程時，都是那麼開心、那麼毫不保留的綻放笑容，彷彿他們一輩子最放鬆的就是這一刻。但是他們的家長呢？路上匆匆忙忙趕著上班的男男女女呢？似乎恰恰相反。

這些大人為了讓孩子有更快樂的童年、更美好的未來，不斷努力賺錢、適應教改，生活和工作的壓力卻讓他們失去最單純的笑容。為什麼長大後煩惱就變多、壓力就變大了呢？如果大人自己都不快樂、不能放鬆，孩子還願意長大，或是快樂得起來嗎？

在多年擔任戲劇教學與補教業老師的經驗中，我常看到孩子因為一個簡單的遊戲而笑個不停，也發現其實每個人都有天生的表演欲，喜歡被肯定、被注意、被誇獎。那為什麼變成大人後，與生俱來的能力就被埋沒了呢？

我的結論是：大人自己要先能放鬆、開心，才能傳播更多正

面能量給下一代。於是，我決定開一個能讓大家找回最單純笑容的課程，讓必須戴上很多面具辛苦工作的大人，能有個可以開開心心瘋狂玩樂、表演的天地，而不用管白天的自己是誰。因為我相信，每個大人心中都有個小孩子，只是那個追求歡笑的需求與渴望被壓抑了。我在學校指導戲劇社團時，這套戲劇遊戲教學系統很有效果，那麼用在成人身上一定也沒問題！

☺課程內容的演變

因為我是戲劇老師，最了解、最有熱情的就是戲劇訓練與教學，所以最初為成人設計的課程名稱與內容叫作「成人戲劇表演工作坊」，主要希望教導成人表演技巧，讓每個人都能變成很棒的演員。不過，這個想法很快就遭到鄰居長輩、親朋好友的否定，他們的反應冷淡無比，理由竟然是「這把年紀了還要上台去演戲，會不好意思咧！」，不然就是「演戲好像很專業、很嚴肅，還要背台詞，太辛苦了。」甚至很多人說「要我上台演戲不如叫我去死！」果然印證了書本上的真理：人類最懼怕的事，第一名是死亡，第二名就是上台說話或表演。我突然了解，即使人都有天生的表演欲，但未必人人都想成為在舞台上演出的演員。

那麼大家都不是學生了，為什麼還要來這邊上課呢？「就是要去玩、要開心嘛！」鄰居大嬸的這句話提醒了我。於是，我重新設計課程內容，將第二版的課程定位為「戲劇遊戲工作坊」，不僅大大強調了「玩遊戲」的概念（完全是市場導向啊），也將國外實行已久、提倡戲劇訓練可融入日常教學與人際關係、生活題材的史波琳教學系統融入其中，透過有主題的玩，沒有壓力、

不須背台詞、不須有太多準備的即興能力訓練，讓大家在歡笑當中體會戲劇表演的樂趣。

　　教國、高中生教了十年的經驗，讓我一直相信「有趣是學習最關鍵的動機」，而這句話也同樣適用在成人身上。正當我以為這次沒問題時，街坊的叔叔伯伯阿姨又有意見了，很多人笑著說：「去玩？我花錢讓你來玩我喔？」這樣也不行，那樣也不行，我不禁納悶，到底成人要的是什麼？結果每個人都回答：「唉呀，最近壓力太大啦！哪有時間玩？」回家上網一查，果然最近的熱門課程關鍵字就是「抒壓」。於是，我第三度修改課程，根據大多數人的需要來設計，「戲劇遊戲抒壓工作坊」就此誕生。課程宗旨就是以戲劇遊戲的方式，讓人一同在歡笑中抒解壓力、找回失去的笑容。

　　雖然「抒壓」兩個字是因為招生與市場需求而來的，但經過三、四個學期之後，以遊戲為主，幫助大家歡笑、快樂、放鬆的課程內容，不僅達到抒壓目的，也讓每個人找回失去的笑容。每次上課都聽到近乎暴動的笑聲與喧鬧聲，就是最好的證明。

　　我漸漸發現，大人太需要無拘無束的笑了，那是一種本能、一種渴望。在這裡，每個大人都卸下面具，忘掉一週以來的煩惱，沒有什麼不敢演，也沒有什麼不能演的。期末時，我問每個人來上這堂課最大的感受是什麼，想不到多數人的答案都是：好歡樂！好快樂！

　　所以，我想你大概也猜到「歡樂」這兩個字是怎麼加到工作坊的名稱中的了。從二〇〇八年起，這個課程的名稱正式定為「戲劇遊戲歡樂抒壓工作坊」。

笑著迎接失敗

　　很多人無法面對失敗或挫折，碰到這樣的狀況，常常會心情跌到谷底，情緒不佳、悲傷得想哭，嚴重一點的則是想死。不過這堂課程卻是要讓人「笑著迎接失敗」。或許有人要問，哭都來不及了，還笑得出來嗎？我的經驗是，當然可以，只要學習怎麼面對失敗這件事，就能迎接失敗，還可以笑著迎接失敗。

☺讚頌失敗

　　我一度也是個無法面對失敗的人，曾經接受諮商治療。後來離開差一個月就要畢業的研究所，決定成為教育訓練講師後，我跟隨推展即興劇的吳效賢老師學習，長達一年的時間。吳老師是首度將即興劇概念帶進台灣的人，並創辦了「勇氣即興劇團」。即興劇是一種沒有劇本的戲劇，演員是從現場觀眾給的建議中選擇一個，然後以這個建議為靈感，在舞台上演出一個即興故事。即興劇沒有固定的形式，演員只遵守「Yes, and……」的規則來表演。所謂的「Yes, and……」是要演員不管對手提出什麼樣的建議都先接受，即便在不知道接下來會發生什麼事的情況下，依然能勇敢的踏出每一步。在「勇氣即興劇團」的訓練中，我體會到什麼是「讚頌失敗」的精神。

　　在「戲劇遊戲歡樂抒壓工作坊」的課程中，最特別的就是常常會碰到失敗，例如違反遊戲規則、最後一個或念錯的人當鬼、

講錯台詞、笑場、走錯位置等等。此時如果其他學員跟一般社會標準或戲劇訓練模式一樣，都用指責、批評、打壓、嘲笑的態度去提醒犯錯者，讓他持續沉溺在挫敗感中，那壓力與憂愁自然揮之不去，我相信學習的快樂很快就沒有了，取而代之的是不信任、懷疑、恐懼，接下來他不會願意再去嘗試。

所以在這個課程中，我依循即興劇的精神，讓每個人讚頌失敗，甚至鼓勵所有的失敗。只要有人在做遊戲或呈現結果時犯了錯，大家會給予掌聲與笑聲，讓他知道錯了沒什麼大不了，再來一次就好。然後我會在旁邊補充說：「犯錯是正常、合理的，我們就是要你去犯錯、去嘗試，然後開心接受這結果，這樣你會更開心的去面對接下來的挑戰。」太完美的人會給人造成壓力，人都是不完美的，勇敢接受自己不完美的部分，笑著迎接失敗吧，這根本沒什麼大不了的。

這個課程不是要訓練第一流的演員，藉由訓練過程來證明你有多好，然後給其他人壓力。而是要製造具安全感與信賴感的環境，讓每個參與者都能得到內在支持的力量，接受自己是平凡人，但也有不凡的特點，沒有任何人可以取代任何人。

我們都不完美，但我們都承認，並且笑著看待這個事實，在一次又一次的嘗試失敗中，你會發現自己越笑越開心。

抒壓六招，找回笑容很簡單

這個社會上誰沒有壓力？成人有工作的壓力，學生有課業的壓力。也因為壓力大，現代人越來越不快樂，越來越笑不出來，怎麼辦？

你快樂嗎？自認不快樂或無法快樂的人，請從抒解自我壓力展開第一步，來找回自己失去的笑容與快樂。

不過，抒解壓力一定要去上課嗎？也不一定，我在這裡就跟大家分享六招自己可以操作的抒壓小技巧，馬上就能製造正面能量，而且一個人就做得到。

☺第一招：不要嘆氣，事情就會有轉機

你有沒有發現，通常都是在遇到阻礙、覺得事情沒有希望、無力沮喪的時候，才會想嘆氣？有種說法是人體內都有股真氣，真氣越足，身體越強壯，凡事就越有希望、越有能力解決。古人說嘆氣會把真氣吐掉，吐得越多，事情越無法完成。

不管你信不信，下次想嘆氣時，記得試試看不要馬上吐出來，把氣憋著，然後不要透過嘴巴，而是用鼻子將其緩緩吐出。你會發現在一念之間，事情解決的機率又增加了一點，竟然開始出現轉機呢！

☺第二招：製作屬於你自己的快樂存摺

有位學生跟我說一輩子一定要去一次北極看極光。我問他知不知道怎麼去，他說不知道，我說你不知道怎麼到得了呢？

很多人都說自己不快樂，想要追求快樂，卻不知道怎樣才能讓自己快樂。但每個人都是獨一無二的，需求不同、價值觀不同，所以會讓自己快樂的理由也不盡相同。因此你該拿出一本你很喜歡的空白筆記本，或是在電腦裡開一個檔案，依照自己的分類記下每個能讓你快樂的方法——只要是任何你閉上眼睛想到它就會感到興奮、快樂、有趣，或者浮現想要得到它的欲望的任何東西，都可以記在這本快樂存摺裡。

不論是美味的小吃、讓你食指大動的餐廳、會令你想跟著哼的歌、一直很想去的國家、一個很想見面聊天的朋友、一個很難買到的限量版皮包、一杯你去冷飲店必點的飲品、一本會讓你廢寢忘食的小說、一件你一直很想買的外套、一部網友大推薦的爆笑電影或一個很想去嘗試的活動等等，都可以記錄下來。重點不是別人怎麼看待這些事，而是你清楚知道這些人、事、物可以讓你快樂，寫下來等於把他們存下來。當你有空閒、覺得煩悶，或是想犒賞自己時，翻開這本專屬於你的快樂存摺，然後挑一樣現在可以完成的事去做，你就會快樂了。

不用急著一次把它寫完。這就像存款簿一樣，聽到有什麼好吃的義大利麵店，或是想到某個人、某件事讓你開心，你都可以把它們再存進去。你會發現，光是在寫或是在翻的時候，那些畫面彷彿歷歷在目，你的嘴角會微微上揚，笑容很自然的在你臉上漾開。

漸漸的，這本存摺裡儲存的快樂會越來越多，而且只進不出，又不怕別人搶走。而你將會越來越了解自己，找到專屬於你的快樂模式。這本存摺會成為你的快樂泉源喔！

☺第三招：動動眼球，心情立刻轉個彎

神經語言學中很著名的眼球模式有提到：人的眼球會在聽到新資訊、大腦運作思考時，往各個不同的方向移動。眼珠飄到上方多半是進入找尋圖案的視覺區；飄到橫向左右則是在回想或創造說話的聲音語調；飄到下方則是在感覺，或是與自己對話。而若是眼球飄向自己的左方，你比較適合思考邏輯性與需要回憶的問題；若是飄向自己的右方，則比較容易解決創造性、開發性的任務。

我們的情緒通常來自發生過的人、事、物，一個活在過去的人會因為一直回想不愉快的事，而整天鬱鬱寡歡。人在回憶痛苦畫面的時候，通常眼球都會不自覺的移到自己的左上方，所以當你心情鬱悶、情緒不佳時，記得將眼球轉到管創造區的右上方。神奇的是，這樣做之後，你馬上就不會太煩躁了喔！不過這招請不要在騎車或開車時嘗試，以免發生車禍。

☺第四招：改變肢體動作

除了轉轉眼球之外，改變肢體動作也可以瞬間改變心情。

想像一下，一個人若是無精打采、心情低落或緊張，他的頭多半是低低的，下巴縮起，肩膀前傾或高聳，臉上沒有笑容。我

們都知道生理與心理是會互相影響的，而人的身體會記憶情緒，肌肉、神經與大腦會記住你在各種情緒下的肢體動作。所以當你做出這些動作時，心情自然很難好起來，原本的愉悅也可能變成悶悶不樂。

所以要記得做以下幾個動作，讓自己瞬間轉換心情：聳聳肩後肩膀放鬆；轉轉頭與脖子後，下巴微抬；轉轉眼球後，把眼球轉到右上方；吸氣挺胸；嘴角上揚，咧嘴露出牙齒；眨眨眼後，把眼睛瞇成一直線；最後高舉雙手伸懶腰，張開嘴打個呵欠。這些都是人在放鬆、歡笑、愉悅時的動作組合，只要你開始做這些動作，心情自然就會好起來，而心情好做事就順利，良性循環之下，好運也會跟著來。

覺得自己肌肉緊繃、壓力很大嗎？利用肢體動作抒壓最快的方法，就是將你的雙拳緊握、靠近下巴，肩膀盡量緊縮、靠近耳垂，咬緊牙根、雙唇緊閉，雙眼緊閉、眉頭深鎖。就這樣全身盡量用力到極限，持續個十秒後，讓自己放鬆。重複做個十次就會有明顯的抒壓效果。

☺第五招：轉換正面語句

語言具有催眠的力量，尤其是出自自己口中的話影響自己最深。一個常說自己沒用、一定會失敗、備受欺侮的人，肯定無法給人樂觀積極的印象，自己也不容易快樂。因為當你對自己或別人說了負面的話，每說一次就會提醒、催眠自己一次，漸漸的，你的潛意識就會接受你說的這一切，並且藉由行動將它實現。所以佛教常告誡人要存善念、說好話，不要造口業，否則最後都會

反映在自己未來的際遇上。

人生氣的時候說出來的話幾乎都是不能聽的，那些話不但傷人，還常常讓自己後悔。所以，挑個有趣的口頭禪吧，當你煩躁、生氣、想對自己抱怨的時候，把本來要說的話轉換成「我實在太厲害了！」「我真是天才！」「撐過這個考驗我就變得更行啦！」「我又超越自己啦！」用這樣的方法激勵自己，不僅可以重拾信心，自己也覺得好笑，心情會為之一振。

別害怕自嘲，懂得調侃自己的人，往往幽默而有自信。多說正面的話，當下就會變得樂觀喔。

☺第六招：吃飽睡好精神好

你是不是壓力一來就忘了吃飯，或是把吃飯這件事放在一旁？沒有進食，哪有體力應付你所擔心的事呢？這一點連我自己也常常忽略了，只專注於自己憂心的事，結果連一點吃飯的時間都沒留給自己。

所以，先不管所有抒壓、讓自己快樂的技巧，煩躁焦慮時，記得停下來問自己吃了沒。有時我們只是餓了、血糖低了，先吃點東西或含顆糖，不花你太多時間。等到有了體力，不是更能解決事情嗎？

若是吃過東西後，心情仍然焦慮，就再問問自己昨晚睡得好嗎？最近睡眠品質如何？日有所思、夜有所夢，壓力大的人常常把白天的焦慮帶入夢中，輾轉難眠，造成精神不濟。惡性循環之下，體力下降、精神耗弱，情況只會越來越糟。試想：一個睡不好的人一整天的工作效率一定差，心情也好不到哪裡去。

　　所以，就讓自己回歸最基本的生理需求，餓了就要吃，累了就要睡。當你心情煩躁，對於亟待解決的事完全無能為力時，先去吃點東西填飽肚子吧，接著再睡個好覺，有什麼事明天再說，反正現在急也沒有用。養足精神後，才有力氣應付之後的挑戰，不是嗎？

戲劇遊戲體驗（一）：

四條規則、三個暖身遊戲、十大主題遊戲訓練

　　社區大學的其他老師常常問我一個問題：「為什麼你的課每次都笑聲不斷，而且好大聲？你不是教戲劇的嗎？是什麼魔力讓大家可以笑成這個樣子？」這就是戲劇遊戲與創作性即興表演充滿魅力的地方。現在，就讓我們來進行一場紙上的戲劇遊戲體驗課程。這套課程對於在團體或公司聚會中必須帶領團康活動的人，也非常有幫助喔！

☺進入主題遊戲之前

先說明遊戲中必須遵守的規則

　　為了讓大家在開心、快樂、有安全感的氣氛下忘掉煩惱，盡情享受學習的樂趣、找回失去已久的純真笑容，這裡有一些基本規則。設立遊戲規則的目的在幫助遊戲進行，而不在限制，玩的人必須遵守才行。

1. 在課程中不提及工作、家庭、年紀及白天的身分。
2. 不管性別、年齡、背景，只要把自己帶來就好，壓力交給這裡的伙伴。
3. 失敗是人生的常態，遇到了就要歡呼鼓掌、一笑置之，因

為這裡讚頌失敗！

4. 每個參與者都必須有個固定綽號，課程中大家就叫你這個綽號，不叫名字。取綽號有三不：不能超過四個字（如「像風一般飄忽不定的男子」）；不能有髒話（「靠！」「幹！」之類的）；不能是狀聲詞（「啊」「欸」「呵呵」之類的）。

自我介紹

向大家介紹自己的綽號。只在第一堂課時需要這麼做，之後就不需要。

暖身遊戲

自我介紹完畢後，開始進行暖身遊戲，慢慢炒熱現場氣氛。

1. **指人唸名**：手指著一位伙伴，唸出他的綽號。被指到的人聽到後，若是確認無誤，就要點頭重複自己的綽號，然後伸手指向另一位伙伴，並同樣報出對方的綽號，依此類推。若指的人講錯了，被指到的人要幫助他記住自己的名字。要鼓勵所有參與者盡量去指自己不認識的人，並越來越加快遊戲速度。

2. **指人唸名換位子**：大家站起來圍成圈，跟上個遊戲一樣，指人唸名後，對方若是點頭重複了自己的名字，指人的就可以走到對方的位置，對方就要在你走到之前趕快指下一個人，並唸出他的名字。注意，人家沒有點頭同意，可不能隨便移動喔。

3. **讚頌失敗**：依序吼出自己失敗時的歡呼，用歡笑迎接遊戲中的任何失敗。伙伴失敗時則給他超high鼓勵，讓所有伙伴都不再害怕犯錯。

☺十大主題遊戲訓練

暖身遊戲結束後，要開始進入戲劇遊戲和即興創作的訓練課程。訓練過程皆以現場帶領遊戲互動為主，根據當週主題設計遊戲，讓每個參與者可以在歡笑中體會主題的意涵。

課程以各種PA團體動力、團康、戲劇遊戲、肢體開發與觀察遊戲等作為操作主軸，而每個遊戲背後都有目的、功能、意涵，絕不是瞎玩而已。遊戲大致可區分為十大主題：

1. **解凍暖身遊戲**：達到認識彼此、忘卻煩惱、活絡氣氛等效果。如創意問候、找出共通點、火鍋拳、節奏擊掌、用肢體取綽號等遊戲。
2. **默契與專注力訓練**：練習團隊默契與自我控制的專注力。

如鏡射模仿、百變女郎、變形金剛、碰碰、記憶考驗、導盲犬、專注答數123、八比八比八等遊戲。

3. **敏感度訓練**：覺察事物的相異與相同處，找到生活的樂趣。如大家來找碴、聽聽幾聲、找領袖、發現特別點、調整焦距、表情模仿等遊戲。

4. **情緒覺察與創造**：做好情緒管理，創造自己想要的情緒。如情緒覺察猜謎、情緒拷貝、擴大縮小機、情緒轉移、包子獅子大暴走、一窩瘋等遊戲。

5. **PA與團隊合作遊戲**：培養團隊合作態度，追求達成任務的快感。如丟娃娃、信任倒、合作三角、壓力圈、蒙眼體驗、千里之外、獨木舟等遊戲。

6. **肢體開發與音樂律動**：讓自己也能隨著音樂舞動，找到自己的節奏。如與狼共舞、音樂輪轉、肢體數字、器官組合、節奏訓練、人體花燈等遊戲。

7. **訊息傳遞與抒壓活動**：透過模擬資訊爆炸，讓你在歡笑中大大抒壓。如西瓜鳳梨、環遊世界、「啊？什麼？」、資訊超載、青菜圈、一隻貓等遊戲。

8. **創意思考訓練**：激發你不常用的右腦，提升創意。如兒子命名、賣東西、捷運跑跑跑、五花八門大對抗、相關與不相關聯想等遊戲。

9. **關係與角色創造**：練習扮演各種角色，滿足表演欲。如角色大決鬥、大大族VS.小小族、動物附身、非廣告、即興雕像、火星話等遊戲。

10. **戲劇與故事呈現**：各式各樣好玩、有趣的呈現方式。如合作故事、童話大惡搞、心情呈現、爆笑兒童劇、道具劇、

即興音樂劇等遊戲。

　　上述內容融合了史波琳的教學遊戲、國內各戲劇工作坊的戲劇訓練，以及我過去帶社團、帶團康的經驗。每個遊戲都有許多不同功能，但指導老師可以參考「目的」來決定應該特別注意哪些問題。

戲劇遊戲體驗（二）：
戲劇遊戲入門

　　剛接觸戲劇遊戲的人，如果想自己先跟朋友練習，不妨可以從下列兩大主題遊戲開始：解凍暖身遊戲及默契與專注力訓練遊戲。這也是工作坊前兩週的遊戲主題，可說是這堂戲劇遊戲課程的入門遊戲。因為主題明確，而且非常容易學，自己和朋友玩也可以。

　　好了，趕快去找幾位朋友、同事或家人一起來玩玩看吧！

☺主題一：解凍暖身遊戲

遊戲一：找出共通點

目的：訓練快速認識身旁伙伴。

說明：三個人一組，互相聊天，在五分鐘之內找到彼此的三個共通點。共通點的條件如下：

1. 要是現場無法立刻看到的（例如「我們都是長頭髮」就不符條件）。

2. 不能是各組都有的（例如「我們都是地球人」就不行）。

3. 要三個人都同意（例如有人明明討厭吃小黃瓜，卻說共通點是熱愛吃小黃瓜）。

4. 要有創意（例如「我們都用左手挖鼻孔」）。

☺主題二：默契與專注力訓練遊戲

遊戲一：大王亂點兵

目的：訓練團隊默契與個
人專注力。

說明：大王在圈圈中間
隨機指人，並唸出他的名字，
被點到的舉右手答：「有！」
練習過後進行進階版，被點到

的人大聲答：「有！」但不舉手，他右手邊的伙伴舉右手但不發
聲。若有人做錯，大家要歡呼，並恭請他到圓圈中間當大王。這
個遊戲越多人參與越好玩。

遊戲二：超級亂點兵

目的：訓練團隊默契與個
人專注力。

說明：接續上一個遊戲。
大王指人、喊名字，被指到的
人喊：「有！」然後他右手
邊的人舉手，左手邊的人走到

圓中間當大王，大王則走到被指到的人左邊的空位遞補，以此類
推。做這個遊戲時，總會有人一邊喊、一邊動，還一邊舉手，然
後大家就會笑得東倒西歪。

遊戲三：八比八比八

目的：訓練個人專注力。

說明：大王在圓中間，隨機面對伙伴，喊：「八比八比八。」對方要在大王喊完之前大聲說出：「八！」大王也可以嚇人，隨機找人大喊：「八！」但對方不得說話。來不及回應或回應錯誤的，在大家一陣歡呼後，換他當大王。

遊戲四：碰碰

目的：訓練個人專注力。

說明：當我說「碰」，你說「碰碰」；當我說「碰碰」，你說「碰」；當我說「碰碰碰」，你拍手；當我說「碰碰碰碰」，你就「啊……」的鬼叫。失敗的人在大家歡呼過後去當王，之後再由王來考驗其他伙伴。

遊戲五：碰碰轟炸

目的：訓練個人專注力。

說明：這是碰碰遊戲的進階版。內圈為受試者，外圈為考驗者，在兩分鐘裡面內圈伙伴必須回答外圈伙伴的問題，答對後就順時針方向輪轉，面對下一位詢問者，直到時間結束。再進階版則是內圈的人手勾著手，外圈的人向前給予壓力，在急迫的狀況下靠機智反應。

遊戲六：默契拍拍

目的：提高個人專注力。

說明：兩兩一組，面對面先自我介紹，然後開始進行遊戲。雙手有三個動作：一起往右指、往左指、往對方指，每次的動作之間兩人都要同時拍手，拍手後若兩人選擇的動作一樣，則再一次拍手後高舉雙手喊：「耶！」慶賀彼此的默契，然後再拍手繼續；如果兩人選擇的動作不一樣，則拍手繼續。可視默契加快動作，如果一直不一樣，也算你們厲害！

遊戲七：專注答數123

目的：提高個人專注力。

說明：兩兩一組，面對面先自我介紹，花十秒決定誰當A、誰當B，然後開始進行下列任務。

任務1：A、B輪流報數123，一人喊一個數字。喊錯就笑一笑，雙手高舉大喊：「歐耶！」從A再開始。

任務2：同上，但報數時不報2，改成拍手。喊錯就笑一笑，從A再開始。

任務3：同上，但報數時不報1，改成嘴巴張大不說話。喊錯就從A再開始。

任務4：同上，但報數時不報3，改成右腳踏地板。喊錯就從A再開始。（最後會變成1＝張大嘴，2—拍手，3＝踏右腳，做錯了就笑喊：「歐耶！」）

歐耶分享

玩的時候，每個參與者都會非常專心，到最後把所有事都忘了。記住，當注意力放在哪裡，你就只能看到那裡，所以心煩的時候就將心思放在會讓你開心的事情上吧！我們的眼睛一次只能看到一件東西，但你有權決定要看什麼。

遊戲八：鏡射模仿

目的：訓練定力、對身體的專注力、控制力與觀察力。

說明：兩兩一組。不說話，用眼神與表情決定誰當A、誰當B。A為示範者，B為模仿者，B必須忠實模仿A的所有細微動作。開始進行下列任務。

任務1：A不准動，B模仿，兩人須四目交會一分鐘，完成後討論、交換。即使A再怎麼克制自己，有些地方還是會有不自覺的小動作，如眨眼、嘴角、呼吸、肩膀，B的工作就是用身體模仿去提醒A，讓A更專注不動。另外，B除了模仿A，自己也不可以亂動，只能忠實的當個鏡子。

任務2：A不准動，B模仿時可將A的動作擴大三倍（刻意把小動作擴大會很有趣），一分鐘完成後討論、交換。

任務3：A不准動，B模仿時可將A的動作擴大五倍，一分鐘完成後討論、交換 。

歐耶分享

　　在沉默的狀態下訓練自己的定力與觀察力，此刻你的世界只剩下面前的伙伴，甚至最後只看得到對方的眼睛。當壓力解除後一定會聽到笑聲，因為……抒壓了。

遊戲九：大頭貼十連拍

目的：訓練兩人的默契。

說明：兩兩一組，面對面

自我介紹後，不說話，用眼神
與表情決定誰當Ａ、誰當Ｂ。
Ａ是進大頭貼機器裡擺pose的
人，Ｂ是相片。Ａ必須聽老師
的哨音依序擺出十個動作，Ｂ則聽哨音接續模仿Ａ的前一個動作，
兩人必須四目交會，以免Ｂ看不到Ａ的動作。完成後老師解說一
下，然後Ａ、Ｂ角色互換。進階版可以兩兩合照、團體合照、移動
位置、拿東西等等。

遊戲十：同類分組

目的：練習在團體中的專
注力，要能瞬間找到共通點。

說明：先暖身，所有人隨

著音樂遊走，聽到主持人指示
後，哨音一響就執行。先建立
默契：主持人喊「停」就要立
刻停，喊「走」就繼續走。接著改變走路速度、走路方向，用眼
睛、表情、手勢打招呼，然後依指示瞬間分組，例如依人數（三
個一組、五個一組）、有戴眼鏡或沒戴眼鏡的、長髮或短髮的、
穿牛仔褲或不是穿牛仔褲的、男女、襪子顏色等，每次抓最後一
個落單的。

遊戲十一：器官結合

目的：練習在團體中的專注力及反應，能瞬間活化團隊氣氛。

說明：所有人聽哨音，依指示在最短時間內執行任務：讓身體部位與伙伴的某個部位結合，例如你的右手要放在一個人的頭上、膝蓋要頂著一個人的腰，或是手要指著別人的鼻子等等。

歐耶分享

　　人是習慣與群體的動物，在遊戲中你漸漸只聽得到指令、哨音，與歡笑喧鬧聲中的一團混亂。在彼此靠默契所完成的畫面中，你會找到那個孩子般的自己，逐漸將自己放空。

遊戲十二：鐵人三象

目的：培養團隊默契和專注力。

說明：大家圍成圈，中間有個人當王，伸手任指一位伙伴後喊出指令，被指到的人跟他左右兩旁的伙伴就要立刻做出指令動作，如大象（一人是鼻子，兩人是耳朵）、照相（一人

喊耶，兩人閃）、偶像（一人揮手，兩人當粉絲）、女高音（一人高唱，兩人扶住他）、火山爆發（一人爆發，兩人快跑）、十八銅人（一人蹲馬步，兩人擺出出拳架勢）等等。練習過後開始比賽，採淘汰制。

歐耶分享

　　從事「戲劇遊戲歡樂抒壓工作坊」教學以來，我觀察到一個有趣現象：才經過兩次的戲劇遊戲體驗，往往就可以發現每個參與者總是笑得上氣不接下氣，滿身大汗，雖然嘴巴抱怨著：「根本就不抒壓嘛！緊張死了！」但離開時卻都帶著滿足的笑容，還邊走邊互相討論。這真的是很神奇的氛圍，原本不認識的人卻可以這麼瘋狂的玩在一起，不談白天你從事什麼工作，只在一個充滿安全感且歡樂的環境中卸下面具，找回失去的笑容。其實，生活不用太複雜，好玩就好，不是嗎？

笑友見證：戲劇遊戲體驗的驚人力量

「戲劇遊戲歡樂抒壓工作坊」開設以來，從一開始勉強開班，到現在期期爆滿，已經有超過七百人參與這個課程。這是我當初始料未及的。

其實每個願意來上課的人，背後都有不為人知的故事，不過最讓人開心的是，當他們離開這裡時，每個人都是帶著笑容。

案例1
林美伶，女，一九六四年生，重度憂鬱症患者

在班上，我的綽號叫開心果。每個人看到我現在這麼快樂，總是放聲大笑，很難相信我五年前曾是一個重度憂鬱症患者。在家自閉一年多的時間裡，我不但傷害自己，也傷害了愛我、關心我的家人和朋友。經過醫師治療，以及家人、朋友不離不棄的愛和支持，讓我可以勇敢的走出憂鬱症。

不過，我還是時常感到有股莫名的壓力，不容易快樂。我四處去上各種心靈課程，尋找可以獲得快樂的方法。二〇〇七年下半年，我偶然在萬華社大的招生簡章裡發現「戲劇遊戲歡樂抒壓工作坊」，當下覺得課程名稱很奇怪，在好奇心的驅使下就報名了。報完名後，一度想打退堂鼓，可是好朋友鼓勵我：「就算是莫名其妙的課，只要得到快樂、感到開心就夠了。」所以我便懷著忐忑不安的心情去上課。

　　想不到第一堂課，我就能夠放聲笑出來了。班上每個人都深深吸引著我，他們的快樂感染了我，讓我找回蒙塵已久的赤子之心，找回最單純的笑。

　　我越來越喜歡去上課。其中有一堂「黑暗中的探索」課程，對我而言是相當特別的經驗。我在這堂課中竟然可以跟同學分享隱藏在心中二十幾年的大祕密，這也是我內心深處最不願面對，卻永遠無法釋懷的一個惡夢。

　　年輕時，我因貌美又早熟，所以追求者眾。有一個追求者因求愛不成而生恨，有天將我綁架到不知名的山區墳場。在那裡，他威脅我如果不當他的情人就是敵人。個性好勝又凶悍的我抵死不從，兩人在爭執中，他手中的石頭敲中我的臉，讓我滿臉是血，他嚇得落荒而逃，我也因流血過多而昏倒。

　　等我醒來時已是半夜，四周是伸手不見五指的黑，只見到點點鬼火，夜涼如水。我又冷又怕，傷口又痛，一個人山區墳場度過一生中最難忘的恐怖之夜。

　　這段往事造成我日後不知該如何和異性相處，害怕和異性相處。我也把這件事深埋在心中，即使後來結婚，也從未對先生、孩子、家人提起過。

　　可是，我在課堂上卻可以輕易打開心房，勇敢的說出來。記得當我說完這祕密後，我的心情突然如釋重負般的輕鬆、快樂。當下我知道，經過這麼久的時間，我終於完全痊癒了。藉由戲劇遊戲體驗課程的幫助，我終於可以面對自己，真正走出憂鬱症的陰影了。

　　現在的我就像一部發電機，電力強勁，女兒也讚美我「嫵媚、漂亮而迷人，女人味十足」，是家人的驕傲。我更是一個熱

情的快樂製造器，隨時可以與他人分享快樂。

　　朋友都說我越來越美麗。我的祕方無他，就是快樂而已。

（歐耶分享）

　　記得開心果（當時叫「喝米漿」）剛進工作坊時，很少說
話，總是冷冷的插著手看著班上同學玩遊戲，彷彿是來踢館
的。她強烈防禦的肢體動作與表情讓我深深覺得，這個人的
心裡藏著很多很多的苦，但她非常希望有人可以拉她一把，
她正等待別人伸出手。

　　但是我做得到嗎？一開始我也不知道，就交給遊戲吧。
經過前三個禮拜的破冰、覺察力訓練，以及團隊合作遊戲之
後，開心果不但留了下來，還成為工作坊中最瘋狂的瘋子，
現在還繼續加入「C哈快樂社團」。

（案例2）
張國豪，男，一九七五年生，人際關係不佳、鬱悶寡歡

　　我的綽號叫聯爺，是一個證券營業員，每天隨著股市上上下
下，面臨的工作壓力真不是言語可以形容的。就這樣日復一日，
我變得麻木不仁而冷漠，甚至誤以為功成名就可以帶來快樂，以
為只要成功，一切問題都能解決。

　　有一天夜深人靜時，我發現我一直在追逐的名利其實就是讓
自己離快樂幸福越來越遠的原因。於是，我決定停止這種追名逐
利的日子，另外去尋找一個能帶來快樂、能豐富生活的地方。

　　與「戲劇遊戲歡樂抒壓工作坊」結緣是因為朋友的強力推薦。朋友知道我過得不開心，成天鬱鬱寡歡，雖然也去上過一些心靈與人際關係的課，但是成效不大，還是無法開心。我最大的問題是不知該怎麼跟他人相處，人際關係降到冰點。

　　第一次上課，我就覺得這個課程和以前上過的心靈成長課程大不相同。這裡沒有艱澀難懂的理論，也不是一言堂的授課方式，而是讓學員透過遊戲及角色扮演，自然成為課程中的主角。在遊戲中，我忘卻了工作上的煩惱，壓力獲得抒解，玩得非常開心，也找回了自己的笑容。

　　而且這裡的課程有別於工作的一成不變，透過演出各種角色，我可以盡情發揮想像力，思維變得多樣化，表情也更加豐富。和其他人搭配演出則培養了團隊默契，彼此腦力激盪，創作出更詼諧好笑的情節。現在在團體中，我的人際關係變得一級棒，麻吉朋友一拖拉庫。

　　從課程中，我領悟到快樂的真諦：快不快樂、幸不幸福似乎不是取決於有多少錢、有多高的地位，而是取決於怎樣過生活。所以為了散播快樂，我還和歐耶老師一起成立了「C哈快樂社團」，希望讓每個人都可以快樂過生活。

歐耶分享

　　聯爺給我的第一印象是：高學歷，年輕斯文，一看就是想來抒壓、學東西的上班族，但是內向害羞的樣子卻有著諧星的長相，真是讓人錯亂哪。

　　聯爺就跟時下許多優秀青年、電子新貴一樣，有學歷、有

穩定工作，條件好、脾氣好，卻不知道該如何處理人際與兩性關係。來到這裡之後，因為班上同學的溫情和共同營造出來的歡樂氣氛，他在一次遊戲裡找回了自己心中隱藏已久的那個調皮的小孩子。他笑得一發不可收拾，似乎想把這幾年累積的抑鬱一股腦的宣洩出來。從那刻起，他改變了，變得活潑、討喜、開朗而有自信，連我都不太認識了。

案例3
蘇靖琁，女，自我要求高造成壓力過大

我是個財務專員，個性活潑，喜歡交朋友，講話吱吱喳喳，外加魔音笑聲，所以朋友都叫我「塔塔」。在朋友眼中，我一直是他們的心情垃圾筒和戀愛軍師。每個人都說像我這樣的人應該沒有煩惱、沒有壓力。其實大家都錯了，像我這樣的人更需要找方法、找管道抒發自己的壓力與煩惱。

過去，我抒壓的方式除了碎碎唸之外，就是大約每年出國旅遊一次，將累積一年、亂七八糟的心情一次釋放完，再充飽電，回到台灣又是一尾活龍。

不過，兩年前我從澳洲遊學幾個月回來後，覺得自己彷彿從澳洲天堂掉落到台北地獄，久久都調適不過來，再也無法面對新工作的超大壓力，以及對自我的高度要求。我知道我必須尋求另一個抒壓的管道。

因此，在社大的宣傳單上看到「戲劇遊戲歡樂抒壓工作坊」

這個課程時，在好奇心驅使下，我毫不猶豫立刻報名。雖然在開課的第一天就發生牙齒痛的意外插曲，讓我腦中的天使與惡魔在蹺不蹺課這個問題上爭論不休。但最後，我還是去了。而這一去就讓我陷入其中，不可自拔，每週都期待著禮拜二快快來。

這裡每堂課的遊戲，都是專為我們這些白天在辦公室或客戶那裡受了一堆氣、壓力大到幾乎淹到喉嚨的市井小民而設計的。不管是「接力說故事」「我是王」「超載」「好芭樂爛芭樂」「獅羊變色」，甚至「一窩瘋」及「茶水間大鬥法」，藉由遊戲或表演，都能讓人在互動中更了解彼此的個性與特質。

所以不管白天的職業是什麼，也不必在意年紀或性別，在這兒不須刻意偽裝，不須擔心個人的隱私。每個人都大聲且開心的讚頌失敗，所以你不須擔心做錯什麼，只要專注聽從老師的指令，透過不斷的進行遊戲、大量抒壓，讓自己在下課前釋放累積一週的壓力，然後開開心心、一身輕的踏出教室。

十八週的課程裡，我和其他人一起度過浪漫搞笑的X'mas room party、交換過X'mas禮物、一起玩過甜點PK賽、上陽明山踏青健身。還有平溪high翻天螢火蟲之旅，在平溪支線列車上大聲唱著生日快樂歌，還扮演楚香帥，上演即興劇，讓同車廂的陌生旅客感染到我們發自內心的歡樂力量。這些都是以前的我不曾也不敢嘗試的舉動，只能說「戲劇遊戲體驗」開啟了我內心散播歡笑的力量。

現在的我總是感到很快樂，身體健康，而且還瘦身成功，因為每週上課時我老是笑到肚子痛，這真是意外收穫。據說笑是最好的運動，因為大笑時肚皮會震動千萬下，這比其他運動更加有益身心健康喔！

歐耶分享

　　塔塔是工作坊開辦以來，我碰過最特殊的案例，當然也是讓我最頭痛的一位。因為她是一個相當熱心、超high的人，就像裝了鹼性電池的兔子，總是精力十足的到處跟同學說話，不但關心同學，甚至連老師也要關心一下才善罷干休。大多數人剛加入時給人的感覺都是內向、安靜、被動，人際關係似乎有很大的改善空間。塔塔和其他人很不一樣，但是這樣的伙伴其實是讓人擔心的。

　　常說話的人要記得留點時間跟自己說話；常幫助他人的人記得要多關心自己；常笑的人記得要多問自己：「我是真的開心嗎？」

　　你的生活周遭有很多跟塔塔一樣熱心的人，你很容易就注意到他們。這些透過付出來證明自己存在價值的孔雀，其實心裡是很需要關心的。所以，當你身邊有這種永遠活力十足，彷彿毫無煩惱的朋友，記得花點時間打封簡訊，在他一個人的時候傳給他：「謝謝你，你辛苦了，感謝你帶給我們歡笑，但你自己也要找到快樂的泉源喔！」

案例4

張綺瑜，女，一九八二年生，生活無趣、沒有信心

　　我的綽號叫小羊。第一次接觸「戲劇遊戲歡樂抒壓工作坊」是在兩年前，那時候我在待業中，一時找不到方向與目標，也對自己的能力與人際關係失去信心，覺得快樂好像離自己很遠，生活無趣。於是逐漸自我封閉，常常想要武裝自己，讓別人不要發現自己其實超級沒自信。但在潛意識裡，我知道我應該要開朗、快樂一些。所以看到「戲劇遊戲歡樂抒壓工作坊」的廣告時，我沒有太多考慮，就決定要去報名。

　　上第一堂課時，我有點不好意思，也有些不知所措，但是我努力裝出「我對這種場合很在行」的態度──雖然這明明是我第一次參加社區大學的課程。不過我很快就融入課程中，因為老師要大家開始為自己取一個新綽號，忘記以前別人對我的種種稱呼，這表示重新開始。

　　第二堂課，老師要大家走出教室，沒想到是要全體學員在川堂上課給別人看。課程的動作更大了，每個人跑來跑去，熱鬧得不得了！

　　就這樣，每次的課程越來越瘋狂，大家也開始發了瘋的抒壓，不僅越來越敢演，也越來越能演。隨著同學的融入，課堂上的氣氛也越來越high。

　　不過在這裡你不必在乎自己的情緒太over，別人會對你側目。相反的，有時你不夠over，還會被要求放大一點哩！

　　而除了情緒的複製及放大、縮小，課程也會要求我們的臨場

反應，要我們很快做出動作，吸引別人的注意，試著讓自己「演得很自然」，然後隨時隨地都可以演起來，並學會從中體察自己的情緒和轉變。

透過戲劇遊戲的體驗，不但快樂重新回到我身上，也讓我看清自己的內在，重建信心。本來就很愛演的我得到表演的舞台，而且在這裡不論演得再怎麼誇張、再怎麼爛，都只會有掌聲。

現在的我充滿能量、充滿自信。如果偶爾感到低潮，我就會讓自己回想當時「解放情緒」的課程內容。不只生活精采有趣，我也隨時勇往直前。

歐耶分享

小毛是個有夢想的女孩，當初來上課時是在待業中，不知道自己的未來在哪裡。課程結束後，她開心的說她現在在報社當編輯了，大家聽了都很高興，好像是自己找到工作一樣。

我想每個人都是有夢想的，只是礙於現實，以及自己給自己的束縛，而漸漸失去勇氣、失去讓自己嘗試失敗的力量。於是笑容少了，追求夢想的動力也沒了。

但是，如果你有一群具有正面能量的朋友，你會發現他們會感染你，然後你開始笑了。接下來，你就可以帶著這份力量，感染給更多人。

想想看身邊有沒有這樣一個朋友，你每次跟他在一起都會很開心、什麼都不用想？去找他吧！

5. 大家作伙來起笑

愛笑俱樂部的起笑地圖

　　愛笑瑜珈就和跳舞、唱歌一樣，沒有練習很難體會其中的奧妙，所以起而行的練習相當重要。你可以自己一個人練，但是兩個人一起會比一個人練習有加倍「笑果」，而一群人一起練習的「笑果」又更大。

　　如果你不想一個人在家練習愛笑瑜珈，想找人一起練習，可以在哪裡找到志同道合的笑友呢？

　　目前在台灣已有十個愛笑俱樂部，主要在台北、桃園。每個愛笑俱樂部風格略有不同，也可能因天候關係而休息，所以如果你要特地前往，最好先打電話詢問。

☺何處可以起笑？

逸仙愛笑俱樂部

練習時間：每週六、週日AM8:00～9:00
練習地點：台北國父紀念館，仁愛路側的翠湖邊
帶領笑長及連絡方式：
陳萬火笑長／0935-292896・談俊成笑長／0933-716676

雙和愛笑俱樂部

練習時間：每週一至週日AM6:30～7:30
練習地點：台北縣中和市四號公園八二三炮戰紀念碑附近涼亭
帶領笑長及連絡方式：

週一至週五，陳萬火笑長／0935-292896
週六、週日，章美惠笑長

內湖碧湖公園愛笑俱樂部

練習時間：
每週一至週五AM6:30～7:30，週六、週日AM7:00～8:00
練習地點：內湖碧湖公園環湖步道中間涼亭旁
帶領笑長及連絡方式：
週一至週五，許明焱笑長／0920-658854
週六、週日，黃貴帥醫師兼笑長

汀州愛笑俱樂部

練習時間：每週四AM11:40～PM1:40（含躺臥大休息及靜坐）
練習地點：台北市汀州路三段40號（三軍總醫院汀洲院區護理之家二樓）
帶領笑長及連絡方式：洪友崙笑長／0931-133430
黃貴帥醫師／02-87923311轉12882

桃園虎頭山快樂林愛笑俱樂部

練習時間：每週一至週日AM6:30～7:00
練習地點：虎頭山公園的快樂林（三聖宮後方一百公尺處）
帶領笑長及連絡方式：簡東明笑長

桃園虎頭山週日愛笑俱樂部

練習時間：每週日AM8:20～9:20

練習地點：虎頭山公園的太陽亭

帶領笑長及連絡方式：陳達誠總笑長／0987-880522

桃園同安公園愛笑俱樂部

練習時間：每週一至週五AM8:20～9:00

練習地點：桃園市新埔六街同安親子公園

帶領笑長及連絡方式：輝格格笑長／0935-577198

文山國小愛笑俱樂部

練習時間：每週一至週六AM6:10～7:00

練習地點：桃園市文中路120號（文山國小）

帶領笑長及連絡方式：香花笑長／0937-458907

桃園龍岡公園愛笑俱樂部

練習時間：每週一至週六AM7:30～8:00

練習地點：桃園市龍安街黃昏市場旁龍岡公園大樹下（東西向機場高速公路高架橋下）

帶領笑長及連絡方式：陳達誠總笑長／0987-880522

台北市民有公園愛笑俱樂部

練習時間：每週二、週四AM8:20～9:20

練習地點：台北市民權東路三段140巷15號（台北市民有區民活動中心）

帶領笑長及連絡方式：黃耀發笑長／0910-191352

笑笑功的練功地圖

　　笑笑功能不能自己一個人練？學者之間有不同意見，因人而異，站在帶功老師的立場，有志同道合的人一起練習是非常好的事。笑笑功發展近二十年來，一向多在醫院病房、看守所、監獄、毒藥物癮勒戒所為勒戒犯人、憂鬱症患者、癌症病友帶來歡笑與健康，不過這幾年由於笑友日益增多，因此也在民間社團、公益團體開課，目前已有六個據點。

☺笑笑功的練功據點

台灣大學人類學系系館（洞洞館）前廣場

練習時間：每週日AM7:00～8:00
練習地點：台大新生南路入口（靠近羅斯福路）進入
帶功老師及連絡方式：高瑞協老師／0921-307703

天母明德教室

練習時間：每週三PM7:00～9:00，週六PM2:30～4:30
練習地點：台北市建民路163-1號（捷運明德站附近）
帶功老師及連絡方式：劉誌文老師／0968-567683
邵之美老師／0917-550036

三總內湖總院

練習時間：每週一、週三中午12:15〜PM1:15

練習地點：台北市內湖區成功路二段325號

帶功老師及連絡方式：黃貴帥醫師／0968-392291

連慧卿老師／0919-317600‧張錦祥老師

汐止癌友新生命協會

練習時間：每週四AM11:00〜12:00

練習地點：台北縣汐止市康寧街161號6樓

帶功老師及連絡方式：林玉華老師／0933-054136

員林功坊

練習時間：每週二、週五PM7:00〜9:00

練習地點：彰化縣員林鎮員水路二段336號

帶功老師及連絡方式：高瑞協老師／0921-307703、04-8341162

新莊福壽公園

練習時間：每週三PM7:30〜8:30

練習地點：台北縣新莊市昌明街1號（福壽街口）

帶功老師及連絡方式：林玉華老師／0933-054136

林春蓮老師／0922-345716‧林照明老師／0920-056832

戲劇遊戲體驗的學習地圖

　　國外一項統計數據指出，兒童平均每天笑四百次，一般成人卻只有不到十五次，有些高度開發國家的人甚至一天笑不到兩次。

　　為什麼成人不笑了？因為隨著年紀增長，他們的要求越來越多、標準越來越高，可以發自內心而笑的機率越來越少，因此讓自己變成一個很難取悅的大人。這時候，笑就需要學習。

　　以創作性戲劇為體、劇場遊戲為技巧，並融合即興劇戲、團體動力體驗活動與多年的戲劇教育訓練經驗而發展出的這套戲劇遊戲體驗課程，是為成人設計的。從二〇〇六年九月創立以來，目前共有六個固定據點，分成三大類：社區大學、社團、劇團，都定期開設講座、訓練課程或長短期工作坊。

☺社區大學

　　二〇〇六年九月開始在以成人教育為主的社區大學開設「戲劇遊戲歡樂抒壓工作坊」課程，也是這套戲劇遊戲體驗課程踏出的第一步。目前在萬華社大、中正社大、松山社大、北投社大等四個社區大學開課，每班人數上限二十五人，額滿為止。

萬華社區大學

上課時間：春季班約每年三月～七月初，秋季班約每年九月～次
年一月初；每週四PM7:00～9:50

上課地點：台北市南寧路46號（和平醫院旁龍山國中內，近捷運
小南門站、龍山寺站）

連絡電話：02-23064267

網站：http://www.wanhuaco.org.tw

學費：有

中正社區大學

上課時間：春季班約每年三月～七月初，秋季班約每年九月～次
年一月初；每週六AM9:45～12:10

上課地點：台北市濟南路一段6號（立法院旁開南商工內，近捷
運善導寺站、台大醫院站）

連絡電話：02-23278441

網站：http://www.zzcc.tp.edu.tw

學費：有

松山社區大學

上課時間：春季班約每年三月～七月初，秋季班約每年九月～次
年一月初；每週二PM7:00～9:50

上課地點：台北市八德路四段101號（中崙高中內）

連絡電話：02-27475431

網站：http://www.sscctpe.org.tw

學費：有

北投社區大學

上課時間：春季班約每年三月～七月初，秋季班約每年九月～次年一月初；每週二PM2:00～4:40

上課地點：台北市新民路10號（新民國中內，近捷運新北投站，有免費接駁車）

連絡電話：02-28934760

網站：http://www.btcc.org.tw

學費：有

☺社團

C哈快樂社團

　　二〇〇八年三月創立於萬華社區大學，主要是「戲劇遊戲歡樂抒壓工作坊」舊學員的進階學習，並替更多想在歡樂中學習戲劇、在笑聲中抒解壓力、在掌聲中交到好朋友的人提供一個有趣的學習環境。

上課時間：每個月單數週的週三PM7:00～9:30、週六PM2:00～5:00上課；雙數週的週三、週六則由康樂組舉辦主題活動，專案組討論、排練社區專案，課務組舉辦讀書會

上課地點：台北市南寧路46號（和平醫院旁龍山國中內，近捷運小南門站、龍山寺站）

連絡電話：02-23064267

網站：http://www.wanhuaco.org.tw

學費：有

☺劇團

「新激梗社」劇團

　　成立於二〇〇八年七月，團長為曾彥豪（歐耶老師），導演為新生代劇場編導演張亦暉。團名為何要叫「新激梗社」？因為「新激梗社」＝「心肌梗塞」，看完後保證通體舒暢，心頭壓力全解！每場都由觀眾即興參與表演，保證場場都有全新刺激之梗。「新激梗社」特色如下：

1. 堅持讓看戲、演戲成為一種快樂、開心、無壓力的享受。
2. 堅持互動，觀眾可以參與劇情、影響演員，甚至參與演出。
3. 堅持不做讓人看不懂、離開劇場會煩悶的戲。
4. 堅持觀眾權益。觀戲現場開放飲食、錄影錄音拍照，也鼓勵喧嘩。

上課地點：台北市南寧路46號（和平醫院旁龍山國中內，近捷運小南門站、龍山寺站）
連絡電話：02-29188244
網站：http://www.wretch.cc/blog/cggame

國家圖書館出版品預行編目資料

大笑的驚人力量／高瑞協 等合著；-- 初版
-- 臺北市：方智，2009.1
　192 面；14.8×20.8公分 -- （方智叢書；172）

　　ISBN 978-986-175-136-8（平裝）

1.笑　2.健康法　3.生活指導

176.52　　　　　　　　　　　　　　97022147

圓神出版事業機構
用心與你對話・視野無限寬廣
The Eurasian Publishing Group

方智出版社
Fine Press

http://www.booklife.com.tw　　　　inquiries@mail.eurasian.com.tw

方智叢書　172

大笑的驚人力量

作　　　者／黃貴帥、陳達誠、高瑞協、歐耶
採訪整理／李蓮珠
發 行 人／簡志忠
出 版 者／方智出版社股份有限公司
地　　　址／台北市南京東路四段50號6樓之1
電　　　話／（02）2579-6600・2579-8800・2570-3939
傳　　　真／（02）2579-0338・2577-3220・2570-3636
郵撥帳號／13633081　方智出版社股份有限公司
總 編 輯／陳秋月
資深主編／賴良珠
專案企畫／賴真真
責任編輯／黃淑雲
美術編輯／劉鳳剛
行銷企畫／吳幸芳・周羿辰
印務統籌／林永潔
監　　　印／高榮祥
校　　　對／賴良珠・黃淑雲
排　　　版／杜易蓉
經 銷 商／叩應有限公司
法律顧問／圓神出版事業機構法律顧問　蕭雄淋律師
印　　　刷／祥峰印刷廠
2009年1月　初版

定價 300 元　　　ISBN 978-986-175-136-8